予路人文阅读
系列丛书

朱自清 著

蒋远桥 编注

中学生一读就懂的

經典常談

中華書局

图书在版编目（CIP）数据

中学生一读就懂的《经典常谈》/朱自清著;蒋远桥编注. —北京:中华书局,2024.6
（予路人文阅读系列丛书/杨晓燕主编）
ISBN 978-7-101-16629-3

Ⅰ.中… Ⅱ.①朱…②蒋… Ⅲ.社会科学–古籍–介绍–中国–青少年读物 Ⅳ.Z835-49

中国国家版本馆 CIP 数据核字(2024)第 100383 号

书　　　名	中学生一读就懂的《经典常谈》
著　　　者	朱自清
编 注 者	蒋远桥
丛 书 名	予路人文阅读系列丛书
丛 书 主 编	杨晓燕
责任编辑	吴艳红
封面设计	许丽娟
责任印制	陈丽娜
出版发行	中华书局
	（北京市丰台区太平桥西里 38 号　100073）
	http://www.zhbc.com.cn
	E-mail:zhbc@zhbc.com.cn
印　　　刷	天津裕同印刷有限公司
版　　　次	2024 年 6 月第 1 版
	2024 年 6 月第 1 次印刷
规　　　格	开本/920×1250 毫米　1/32
	印张 8¾　插页 2　字数 150 千字
印　　　数	1-6000 册
国际书号	ISBN 978-7-101-16629-3
定　　　价	49.00 元

编辑委员会

目 录

回到历史现场看
《经典常谈》的创作

一、"我们可自己写一些有关中国文化的课文"

> 沈先生来此。杨、沈与我商讨教科书的计划。杨建议我们可自己写一些有关中国文化的课文，而不是注释。这是个好主意。

1937年10月28日，朱自清先生在日记里这样写道。

沈，就是我们熟悉的沈从文先生；杨，是杨振声先生。1933年开始，杨振声和沈从文合作编写《高小实验国语教科书》和《中学国文教科书》，这是教育部委托编写的两部教科书，杨振声是负责人。1934年，朱自清正式加入，和杨振声、沈从文一起编写教科书。于是他们常常在一起讨论商量教科书编写的事。《高小实验国语教科书》四册，1935年编写完成，1936年正式出版。随后他们继续合作编写《中学国文教科书》。

1937年7月7日，卢沟桥事变，抗日战争全面爆发，北京、天津相继沦陷，生灵涂炭。颠沛流离中，文人君子仍不忘教育的事。10月28日，杨振声、沈从文与朱自清在长沙碰头，讨论《中学国文教科书》一书的计划。这就是朱自清日记里说的"杨、沈与我商讨教科书的计划"这件事。

杨振声出生于1890年，长朱自清8岁，长沈从文12岁，是沈从文和朱自清的同事和引领者，也像是沈从文和朱自清的兄长。1928年，罗家伦担任清华大学校长时，杨振声担任教务长，同时担任中文系主任，次年担任文学院院长。1930年，杨振声被任命为国立青岛大学校长，朱自清接任清华大学中文系主任一职。"七七事变"后，杨振声代替教育部次长担任长沙临时大学秘书主任，为组织北大、清华、南开三校师生向大后方转移立下了汗马功劳。上面朱自清日记说到的与杨、沈的会面，也正发生在此时。

杨振声从北京大学国文系毕业后赴美攻读教育学、教育心理学，获得博士学位。杨振声认为教育的目的是"造就新国民"，并且认为教育是造就新国民的唯一工具。他的主要工作内容是大学教育，不过，他一向认为中小学教育是国民教育的基础，要提高一个国家整个国民教育的质量，必须从中小学教育做起。当时的小学教科书都交给商人去编写，杨振声认为这些人并不具有近代国家观念，所编写的教科书当然也不利于新国民性的养成，所以，他建议中小学教科书应当由硕学通儒编辑，政府印行，颁给全国中小学通用。

具体到国文教科书，杨振声格外强调其在课程中的重要性，认为"在一般课程中，国语实有总其成的责任"。国语教材应该以什么为内容？应该教文言还是白话？杨振声的回答是，"国语与文言当然应就学生在各阶段中之程度，分别先后缓急而教授之"，"培养小学生接受与传达知识之意志"，"待至中学，然后再授以文言，以养成学生参考古书的能力"。他认为"国语可以尽量运用文艺技术，使文字亲切生动一些"。正是基于这样的教育理念和想法，杨振声向朱自清提出了"自己写一些有关中国文化的课文，而不是注释"的建议。

这就是《经典常谈》的写作缘起。也因为如此，在《经典常谈》序文结尾，朱自清特意表达了对杨振声的谢意，说："末了儿，编撰者得谢谢杨振声先生，他鼓励编撰者写下这些篇'常谈'。"

二、"这是个好主意"

为什么朱自清先生会觉得"这是个好主意"？

让我们来到《经典常谈》写作前约一百年。1840年鸦片战争，西方列强打开了中国的大门，屈辱的百年近代史由此拉开了序幕。而清王朝的真正崩溃，则是在1895年。梁启超《戊戌政变记》也说："唤起吾国四千年之大梦，实则甲午一役始也。"为什么这么说？一开始，受鸦片战争刺激，有识之士"中体西用"，"以中国之伦常名教为原本，辅以诸国富强之术"，开始推进中国的近代化改革——洋务运动，在军事、科技方面取得成效。各方人士在压力下奋发图强，成果显著而踌躇满志。如1893年清政府驻日本公使馆书记官郑孝胥在日本骄傲地批评日本变法，"外观虽美而国事益坏"，认为这是"天败之以为学西法者之戒"，而深深觉得清朝改良维新很是不错。1895年甲午战争之后，一切都变了：号称"亚洲第一舰队"的北洋水师全军覆没，清政府彻底失败，签订《马关条约》，赔偿巨款，割让台湾。这对当时士人来说，仿佛天崩地陷。愤怒、激昂、沮丧、耻辱、忧虑、无奈、彷徨、迷茫……每一个关心中国命运的人都被复杂的情绪所笼罩。从几十年前的自信满满，谓西洋东洋人为"夷性犬羊"，到改良图强后的踌躇满志却一败涂地，突然发现自己引以为傲的文化中并没有使国家强大的知识和技术，琴棋书画抵不过枪炮轮船，人们普遍抱怨传统无用，崩溃下的人很容易全盘摒弃，"举数千年先王相传之法，一扫而灭之，唯西洋是效"的观念和做法颇为流行。

另一个问题便出现了：如何在现代进程中保存"传统"？因为历史悠久的民族，必然有着历史悠久的存在基石，共同的记忆比如历史传统，共同的符号比如语言文字、图腾标识。有人意识到，如果"忘中国之本，则又何为哉"？如何对待传统，便成了近现代中国的一个核心话题，这个核心话题里一直有个很难解决的矛盾：既要通过对传统的批判以实现民族启蒙和文艺复兴，又要借助传统经典的继承以回应民族团结和民族凝聚的时代呼唤。

辛亥革命后，推翻了皇权，中国建立了共和体制，尊孔复古的潮流却也仍然存在。引领了"公车上书"的康有为在1912年授意其学生陈焕章成立"孔教会"，说："中国民不拜天，又不拜孔子，留此膝何为？"1914年《中华民国约法》明确规定，"国民教育以孔子之道为修身大本"，袁世凯接连发布"尊孔令"和"祭圣告令"，亲率百官在北京祭孔和祭天。1925年，章士钊主政教育部时决议中小学读经。这些事件，也就是朱自清在《经典常谈》序文里提到的："新式教育施行以后，读经渐渐废止。民国以来虽然还有一两回中小学读经运动，可是都失败了，大家认为是开倒车。"

有识之士认为：国之所以不昌也，在于民智未开。"新文化运动"是一场思想文化领域的革新运动，意在启发国民新的伦理道德意识，培养国民的独立人格，彻底荡涤封建旧文化的毒害。新文化运动的口号是"民主"与"科学"，陈独秀认为二者是检验一切的准绳，凡是违反二者的，无论"祖宗之所遗留，圣贤之所垂教，政府之所提倡，社会之所崇尚，皆一文不值也"。科学既包括科学思想、科学精神以及科学方法，也包括技术和知识。既然现代化进程不可逆转，传统又不可抛弃，科学地评判、继承、发扬、发展传统便成了唯一途径。

鲁迅说："要少——或者竟不——看中国书。"这是一种激愤的表达。与鲁迅不同，朱自清的见解和做法更温和，更包容。朱自清把这个矛盾的解决和中小学教育联系在一起。对于经典的价值，朱自清在《经典常谈》序文里这样说：

> 经典训练的价值不在实用，而在文化。有一位外国教授说过，阅读经典的用处，就在教人见识经典一番。这是很明达的议论。

对于经典在中小学教育里的地位，朱自清这样说：

> 在中等以上的教育里，经典训练应该是一个必要的项目。

> 再说做一个有相当教育的国民，至少对于本国的经典，也有接触的义务。

写作《经典常谈》期间，他在《再论中学生的国文程度》里也重申了类似的看法：

> 我可还主张中学生应该诵读相当分量的文言文，特别是所谓古文，乃至古书。这是古典的训练，文化的教育。一个受教育的中国人，至少必得经过这种古典的训练，才成其为一个受教育的中国人。

朱自清还提到了课程标准对了解传统文化的要求：

> 教育部制定的初中国文课程标准里却有"使学生从本国语言文字上了解固有文化"的话，高中的标准里更有"培养学生读解古书，欣赏中国文学名著之能力"的话。

在教育部颁布的初中和高中《国文课程标准》里，这两句话后紧跟着的是"以培养其民族精神""以期达到民族振兴之目的"。这两份《国文课程标准》颁布于1932年。如果我们联系到当时中国各种政治势力、各种新旧观念的碰撞对抗，联系到当时中国动荡不安的形势，也就更能理解朱自清的话和课程标准里的话了。

"七七事变"后，暴寇肆虐，国将不国，朱自清正是在仓皇转徙之中，断断续续地进行《经典常谈》的写作。文人教授也许不能上阵杀敌，而勉力教学、整理国故、传承文化，成为他们能做的一切。国难方殷，学术的传承、文化的延续，对民族的凝聚团结，对一国之根本的延续，显得格外重要。"万里孤征心许国"，哪怕流离失所，哪怕贫困疾病，朱自清不废《经典常谈》的写作，正是培养现代公民、健全国民素质的一种实践，也是科学地评判、继承、发扬、发展传统的一种实践，还是爱国志士身处国难时"民族的英雄气概"、士人的责任担当的一种体现。

三、"整理国故"和现代化

在谈到编著方式时，朱自清在《经典常谈》序文里说：

> 理想的经典读本既然一时不容易出现，有些人便想着先从治标下手。顾颉刚先生用浅明的白话文译《尚书》，又用同样的文体写《汉代学术史略》，用意便在这里。

这里提到的顾颉刚用浅明的白话文译《尚书》，朱自清多所褒扬：

> 顾颉刚先生的《盘庚篇今译》(见《古史辨》)，最先引起我们的注意。他是要打破古书奥妙的气氛，所以将《尚书》里诘屈聱牙的这《盘庚》三篇用语体译

出来，让大家看出那"鬼治主义"的把戏。他的翻译很谨严，也够确切；最难得的，又是三篇简洁明畅的白话散文，独立起来看，也有意思。近来郭沫若先生在《由周代农事诗论到周代社会》一文（见《青铜时代》）里翻译了《诗经》的十篇诗，风雅颂都有。他是用来论周代社会的，译文可也都是明畅的素朴的白话散文诗。(《古文学的欣赏》)

"鬼治主义"在《〈尚书〉第三》中也出现了，在文章原注里还特地标明部分白话译文"引顾颉刚《盘庚中篇今译》(《古史辨》第二册)"。《经典常谈》引用古文词句，朱自清也大多直接将它们译为白话文，以自己浅明准确的译笔进行"重述"。顾颉刚这一名字在《经典常谈》中反复出现，即"各篇的讨论，尽量采择近人新说"的"近人新说"，如《〈尚书〉第三》的"参考资料"里有出自顾颉刚《古史辨》第一册的《论〈今文尚书〉著作时代书》。顾颉刚是新潮社元老，他最为著名的身份是历史学家，最为卓越的成就是《古史辨》。"古史辨派"以"疑古辨伪"为精神引领，用中西结合的"历史演进"方法，对古史、古书进行科学的评判。"古史辨"并不是完全"有破坏而无建设"，也不是要"将古史'辨'成没有"，在一定程度上，古史辨派的行为也是在回答如何批判地继承、发扬传统这个问题，也是在解决启蒙民智和凝聚民族这对矛盾。朱自清的《经典常谈》不仅在白话译文上和顾颉刚的做法一致，在学术观点上即近人新说的采择上也完全体现了古史辨派的科学精神。这一切的源头，还要回到胡适倡导的"整理国故"。

也许是长久以来民族困境的触发，理性的新文化人对传统持有相对温和的态度。朱自清的老师胡适于1923年发动"整理国故"运动，一方面以学术建设的方式继续启蒙，另一方面兼顾了激荡的民族情绪和时代诉求。胡适在讨论"整理国故"时，反复强调文化普及的重要性，他指出教育不能只是少数读书人的特别权利，而应成为"全国人的公共权利"。在这一进程中，白话取代文言是必要的普及中的一个步骤，也是文化现代化转型的重要环节。胡适主张对古代经典的整理，可以"加上新的序跋和考证，还要讲明书的历史和价值"。《经典常谈》正是以浅明的白话文为经典做序跋考证，梳理不同类别的经典的源流脉络，介绍经典的"历史和价值"，这也类似于顾颉刚用"浅明的白话文"写《汉代学术史略》。朱自清对胡适的"整理国故"是全面接受的，在《〈胡适文选〉指导大概》（1941年）里，朱自清这样评价：

> 胡先生是新文化运动的领袖之一。新青年时代他的影响最大。文学革命，他可以说是主帅。……胡先生又是思想革命的一员大将。他用评判的态度"重新

估定一切的价值"……他的最大的建设的工作还在整理国故上。《中国古代哲学史》《白话文学史》，以及许多篇旧小说的考证，都是"用评判的态度，科学的精神，去做一番整理国故的工夫"。……他在文学革命和整理国故方面的功绩，可以说已经是不朽的。

在这样的背景下，我们可以把《经典常谈》的写作也看成是"整理国故"的一部分，"整理国故的目的，就是要使从前少数人懂得的，现在变为人人能解的"（胡适《研究国故的方法》），进而实现中国人的现代化。1944年，朱自清在《国文教学·序》中说：

> 我们中国人在现代化，得先知道自己才成；而这在现时还得借径于文言或古书。我们尽可以着手用白话重述古典，等到这种重述的古典成为新的古典时，尽可以将文言当作死文字留给专门学者学习，不必再放在一般课程里，但现时大家还得学习。

"中国一切都在现代化的过程中。"（《文第十三》）用浅近明易的白话文重述文言，用清晰晓畅的文体整理经典，用科学评判的态度辨析经典，朱自清正是用这样的方法撰写《经典常谈》，以引起读者兴趣，既是"引他们到经典的大路上去"，在这个途中，同时也完成启蒙，促成国人的现代化，促成中国的现代化。

四、《经典常谈》和"中学生一读就懂的《经典常谈》"

从 1937 年 10 月接到杨振声"自己写一些有关中国文化的课文"的建议后，朱自清便长存此念，颠沛造次，片刻不忘。长久的准备和写作后，《经典常谈》于 1942 年在昆明西南联合大学编著完成，出版后长盛不衰，时至今日仍是最流行的中华经典的述学、导读著作。

朱自清最为我们熟悉的身份，应该是新文学家、散文家，他的《匆匆》《春》《背影》《荷塘月色》等流畅而真挚的作品长久滋润着我们。朱自清也是一位教育家，他当了多年中学国文教师，任清华大学教授后仍持续关注中学教育并参与中学国文教材编写。他先进的教育理念和教育实践，甚至可以说影响着后来的语文教育的基本面貌。朱自清也是一位古典文学、国学研究者，《诗言志辨》《诗文评的发展》等论著体现了朱自清在古典文学研究上的造诣和眼界。

《经典常谈》可以看作是朱自清这三种身份融合的产物。首先，《经典常谈》是朱自清作为新文化人而以白话文创作的"重述经典"的学术散文，清通冲淡，与一般论文著作相比，文字举重若轻，笔调活泼生动。其次，《经典常谈》体现了朱自清作为教育家识见高远、知行合一的特点。我们把《经典常谈》放回到新文化运动的历史背景里，就会发现它体现了朱自清对新时代、新教育、新国文教学的思考和实践。另外，自1925年进入清华教书，朱自清说"国学是我的职业，文学是我的娱乐"，长期从事国学的教学和研究，《经典常谈》也是朱自清国学、古典文学方面研究的结晶。

《经典常谈》以书为纲，采择新说，述而兼作，总共十三篇，"以经典为主，以书为主"，诗、文两篇，则"叙述源流"。这十三篇中国古代经典分别是：《说文解字》第一、《周易》第二、《尚书》第三、《诗经》第四、三《礼》第五、《春秋》三传第六（《国语》附）、四书第七、《战国策》第八、《史记》《汉书》第九、诸子第十、辞赋第十一、诗第十二、文第十三。可以看出，全书"各篇的排列，按照传统的经、史、子、集的顺序；并照传统的意见，将'小学'书放在最前头"。全书不以经学、史学、诸子学为纲领，也不以"国学概论"为名称，也并不局限于一篇一本经典，而是以点带面，以现代眼光对研究对象做梳理和探究，是"用评判的态度，科学的精神，去做一番整理国故的工夫"（胡适语），是"新文化运动"以来学术研究成果的通俗化表达。这样做的目的是"启发他们的兴趣，引他们到经典的大路上去"，是让读者"把它当作一只船，航到经典的海里去"。

作为部编版语文教材八年级下册"名著导读"栏目推荐的必读书，今天的《经典常谈》将迎来大量八年级读者。《经典常谈》是朱自清为当时的中学生编撰的中华典籍启蒙读物，不过，朱自清先生谦称的"常谈"，或1940年代中学生的文化经典方面的常识，于今天大多数读者，尤其是八年级初中生来说并非常谈、常识，而是陌生的、专业的。作为整本书阅读的《经典常谈》，在读书方法上与"选择性阅读"相关，读者需对《经典常谈》全书的内容和结构有所了解，浏览全书，了解概貌，再选择感兴趣的或有需要的部分来精读。《经典常谈》是覆盖了经、史、子、集四部总览式、地图式的导读，但对今天的中学生来说，这份导读仍有一些阅读障碍，其阅读也还需要帮助。于是我们编注了这本《中学生一读就懂的〈经典常谈〉》。

本书对阅读的帮助主要体现在以下几个方面：

篇首作题解。《经典常谈》诗文两篇之外，"以经典为主，以书为主"，一篇的内容常常围绕一本或几本经典，对与此相关的文化知识进行广泛而系统的介绍，如《〈说文解字〉第一》，其实是对文字、文字史、文字学史做了系统的介绍，而对《说文解字》本身介绍并不是太多。在题解中，我们对该篇的内容进行概括，也结合读者期待，对《说文解字》这本经典做简单介绍。

篇中作注释。 字词的理解是阅读的基础，《经典常谈》号称通俗易读，不过由于时代的变迁，于中学生而言仍多难字难词，本书加了尽可能详尽的注释，便于通读。另外，由于内容的渊博，书中多有专名、术语、文化知识，我们也做了简明通俗的注释，便于理解。《经典常谈》有朱自清原注，我们标明"原注"，若要继续解释，则用"按"表示。

引用文字的古今转译。 文中多有引用文言，在注释中或译为白话，或加以意译，便于理解。文中也颇多朱自清译为白话者，这和朱自清"重述经典"的著作意图有关。我们根据现今读者文言阅读的实际需求，也在注释中给出文言原文。如《〈诗经〉第四》：

> 一个人高兴的时候或悲哀的时候，常愿意将自己的心情诉说出来，给别人或自己听。日常的言语不够劲儿，便用歌唱；一唱三叹的叫别人回肠荡气。唱叹再不够的话，便手也舞起来了，脚也蹈起来了，反正要将劲儿使到了家。碰到节日，大家聚在一起酬神作乐，唱歌的机会更多。或一唱众和，或彼此竞胜。传说葛天氏的乐八章，三个人唱，拿着牛尾，踏着脚，似乎就是描写这种光景的。

这段文字的来源是"情动于中而形于言，言之不足故嗟叹之，嗟叹之不足故永歌之，永歌之不足，不知手之舞之，足之蹈之也"（《毛诗序》）和"昔葛天氏之乐，三人操牛尾，投足以歌八阕"（《吕氏春秋·古乐》），这几句是古代文学批评极为重要的内容。这类重要资料，我们在注释中给出原文，方便感兴趣的读者增加文言的学习，品味朱自清的译笔及行文的清通巧妙。

梳理行文脉络。一些复杂纠结的历史文化现象，经朱自清整理，一步一步，顺理成章，勾上连下，自然流畅。我们分段落层次概括语意，串讲章句，梳理脉络，以方便理解。如《〈说文解字〉第一》按段落按层次将全篇的脉络梳理如下：

开头两段从"仓颉造字说"切入，讨论了文字起源的相关问题，如文字的创造者、创造时间、功用价值等。

以上两段以时间为序，叙述了文字的发展及识字教育的重要，介绍了为识字而编写的字书。

以上一段着重介绍了《说文解字》的内容、体例、价值等。

以上一段由《说文解字》收集的古文拓展开去，介绍了金文、甲骨文、封泥、简帛文字等相关的文字知识。

以上两段重点介绍了造字和用字有六个条例，即六书，主要依据《说文解字·序》。

以上一段先解释了文字、语言、事物的关系：先有语言，再有文字，文字是为了记录语言而产生的符号；语言、文字用来记录、表征事物。再从现代语言学的视角对六书说进行了探讨。

最后一段讲了秦以后的书体演变，主要包括隶书、八分书、草书、楷书、行书。书体"演变的主因是应用，演变的方向是简易"，是很简洁准确的概括。

选配贴合内容的插图。插图可以激发兴趣，丰富体验，更可以帮助理解文字内容。文字的叙述总归抽象，一张适切的插图可以让人印象深刻、一目了然。如《〈说文解字〉第一》涉及字体、书体，我们随文配了秦诏版、《说文解字》中的"古文"、金文、甲骨文、封泥、秦隶云梦睡虎地秦简、汉隶《礼器碑》、章草晋陆机《平复帖》、今草晋王献之《中秋帖》、行书晋王羲之《兰亭集序》等图片，可以帮助读者建立对书体、字体的感性印象。

增加拓展阅读。《经典常谈》以书为篇名，为了增加对该书及相关内容的理解，我们在拓展阅读中选编若干书中内容或相关的重要文字。如《〈说文解字〉第一》的拓展阅读，我们选了《说文解字·序》中的三段和《说文解字·示部》"祭""祀""祡"三字，《〈诗经〉第四》选了《诗大序》（节选）和《诗·郑风·野有蔓草》,《辞赋第十一》选了《离骚》（节选）和《楚辞·渔父》,《文第十三》选了曾国藩《经史百家杂钞·序例》（节选）和胡适《文学改良刍议》（节选）。这些资料或者是重要的相关文献，可以加深认识，或者是经典书中内容，可以增加感性印象，尝鼎一脔。为方便阅读，拓展阅读资料大都做了直译，唯《〈诗经〉第四》所附《野有蔓草》及《诗第十二》所附诗三首直译可能无益，就做了简单注释。

《经典常谈》原文根据民国版排印。作者的语言特点、时代的语言习惯，有与当下标准不一致的，均一仍其旧。这应该有助于回到历史现场理解朱自清先生和他的《经典常谈》。

序

朱自清

在中等以上的教育里，经典训练应该是一个必要的项目。经典训练的价值不在实用，而在文化。有一位外国教授说过，阅读经典的用处，就在教人见识经典一番。这是很明达的议论。再说做一个有相当教育的国民，至少对于本国的经典，也有接触的义务。本书所谓经典是广义的用法，包括群经、先秦诸子、几种史书、一些集部；要读懂这些书，特别是经、子，得懂"小学"，就是文字学，所以《说文解字》等书也是经典的一部分。我国旧日的教育，可以说整个儿是读经的教育。经典训练成为教育的唯一的项目，自然偏枯失调；况且从幼童时代就开始，学生食而不化，也徒然摧残了他们的精力和兴趣。新式教育施行以后，读经渐渐废止。民国以来虽然还有一两回中小学读经运动，可是都失败了，大家认为是开倒车。另一方面，教育部制定的初中国文课程标准里却有"使学生从本国语言文字上了解固有文化"的话，高中的标准里更有"培养学生读解古书，欣赏中国文学名著之能力"的话。初、高中的国文教材，从经典选录的也不少。可见读经的废止并不就是经典训练的废止，经典训练不但没有废止，而且扩大了范围，不以经为限，又按着学生程度选材，可以免掉他们囫囵吞枣的弊病。这实在是一种进步。

我国经典，未经整理，读起来特别难，一般人往往望而生畏，结果是敬而远之。朱子似乎见到了这个，他注"四书"，一种作用就是使"四书"普及于一般人。他是成功的，他的"四书"注后来成了小学教科书。又如清初人选注的《史记菁华录》，价值和影响虽然远在"四书"注之下，可是也风行了几百年，帮助初学不少。但到了现在这时代，这些书都不适用了。我们知道清代"汉学家"对于经典的校勘和训诂贡献极大。我们理想中一般人的经典读本——有些该是全书，有些只该是选本、节本——应该尽可能的采取他们的结论；一面将本文分段，仔细的标点，并用白话文作简要的注释。每种读本还得有一篇切实而浅明的白话文导言。这需要见解、学力和经验，不是一个人一个时期所能成就的。商务印书馆编印的一些《学生国学丛书》，似乎就是这番用意，但离我们理想的标准还远着呢。理想的经典读本既然一时不容易出现，有些人便想着先从治标下手。顾颉刚先生用浅明的白话文译《尚书》，又用同样的文体写《汉代学术史略》，用意便在这里。这样办虽然不能教一般人直接亲近经典，却能启发他们的兴趣，引他们到经典的大路上去。这部小书也只是向这方面努力的工作。如果读者能把它当作一只船，航到经典的海里去，编撰者将自己庆幸，在经典训练上，尽了他做尖兵的一分儿。可是如果读者念了这部书，便以为已经受到了经典训练，不再想去见识经典，那就是以筌为鱼，未免辜负编撰者的本心了。

这部书不是"国学概论"一类。照编撰者现在的意见，"概论"这名字容易教读者感到自己满足；"概论"里好像什么都有了，再用不着别的——其实什么都只有一点儿！"国学"这名字，和西洋人所谓"汉学"一般，都未免笼统的毛病。国立中央研究院的历史语言研究所分别标明历史和语言，不再浑称"国学"，确是正办。这部书以经典为主，以书为主，不以"经学""史学""诸子学"等作纲领。但诗、文两篇，却还只能叙述源流；因为书太多了，没法子一一详论，而集部书的问题，也不像经、史、子的那样重要，在这儿也无需详论。书中各篇的排列，按照传统的经、史、子、集的顺序；并照传统的意见，将"小学"书放在最前头。各篇的讨论，尽量采择近人新说；这中间并无编撰者自己的创见，编撰者的工作只是编撰罢了。全篇的参考资料，开列在各篇后面；局部的，随处分别注明。也有袭用成说而没有注出的，那是为了节省读者的注意力；

一般的读物和考据的著作不同，是无需乎那样严格的。末了儿，编撰者得谢谢杨振声先生，他鼓励编撰者写下这些篇"常谈"。还得谢谢雷海宗先生允许引用他还没有正式印行的《中国通史选读》讲义，陈梦家先生允许引用他的《中国文字学》稿本。还得谢谢董庶先生，他给我钞了全份清稿，让排印时不致有太多的错字。

一九四二年二月，昆明西南联合大学

《说文解字》第一

题解

《说文解字》简称《说文》，东汉许慎撰。许慎字叔重，汝南召陵（今河南郾城）人，跟随贾逵学习，博通经籍，时人誉为"五经无双许叔重"。《说文解字》屡经传抄，已失原貌。宋太宗雍熙三年（986），徐铉奉诏校订，加注反切，新补19字，新附402字，世称"大徐本"。徐铉的弟弟徐锴著有《说文解字系传》，世称"小徐本"。现在通行的就是徐铉校定的版本，若不加说明，《说文解字》一般就是指大徐本。

《说文解字》首创部首编排，按文字形体及偏旁结构分列540部。字体以小篆为主，兼收古文、籀（zhòu）文等异体。每字下先说解字义，再分析文字的形体构造。全书以"六书"条例为说解文字的根据，是我国首部系统分析字形进而探究文字本义的文字学著作。

随着古文字资料的出土和研究的深入，学界对《说文解字》所记字形、字义多有订正。不过，"《说文解字》是文字学的古典，又是一切古典的工具或门径"的说法仍然是成立的。另外，《说文解字》对字形、字义的分析，也是文化史、思想史的重要资料。

本篇概括叙述了文字的起源、发展，阐发了文字、语言、事物的关系，介绍了《说文解字》及六书理论，在文末还简单地介绍了书体演变。虽然以《说文解字》为标题，全篇内容其实广博得多。

中国文字相传是黄帝的史官叫仓颉的造的。[1]这仓颉据说有四只眼睛，他看见了地上的兽蹄儿、鸟爪儿印着的痕迹，灵感涌上心头，便造起文字来。[2]文字的作用太伟大了，太奇妙了，造字真是一件神圣的工作。但是文字可以增进人的能力，也可以增进人的巧诈。仓颉泄漏了天机，却将人教坏

仓颉像

1　据记载，仓颉是黄帝时期的史官。史官，主管文书、典籍之事，负责搜集史料、修撰史书的官员。

2　《说文解字·序》："黄帝之史仓颉，见鸟兽蹄迒之迹，知分理之可相别异也，初造书契。"蹄迒（háng），指蹄爪的痕迹。书契，指文字。

了。所以他造字的时候，"天雨粟，鬼夜哭"。人有了文字，会变机灵了，会争着去作那容易赚钱的商人，辛辛苦苦去种地的便少了。天怕人不够吃的，所以降下米来让他们存着救急。鬼也怕这些机灵人用文字来制他们，所以夜里嚎哭；³文字原是有巫术的作用的。但仓颉造字的传说，战国末期才有，那时人并不都相信，如《易·系辞》里就只说文字是"后世圣人"造出来的。这"后世圣人"不止一人，是许多人。我们知道，文字不断的在演变着；说是一人独创，是不可能的。《系辞》的话自然合理得多。

"仓颉造字说"也不是凭空起来的。秦以前是文字发生与演化的时代，字体因世、因国而不同，官书虽是系统相承，民间书却极为庞杂。到了战国末期，政治方面，学术方面，都感到统一的需要了，鼓吹的也有人了；文字统一的需要，自然也在一般意识之中。这时候抬出一个造字的圣人，实在是统一文字的预备工夫，好教人知道"一个"圣人造的字当然是该一致的。《荀子·解蔽》篇说："好书者众矣，而仓颉独传者，一也。"⁴"一"是

3　原注：《淮南子·本经训》及高诱注。按：《淮南子·本经训》："苍颉作书而天雨粟，鬼夜哭。"高诱注："苍颉始视鸟迹之文造书契，则诈伪萌生。诈伪萌生，则去本趋末，弃耕作之业，而务锥刀之利。天知其将饿，故为雨粟；鬼恐为书文所劾，故夜哭也。"苍颉，即仓颉。

4　引句意为：喜好文字的人很多，而唯有仓颉的名声流传了下来，因为他用心专一。"一"可以理解为"专一于此""专心去做"。

"专一"的意思，这儿只说仓颉是个整理文字的专家，并不曾说他是造字的人；可见得那时"仓颉造字说"还没有凝成定型。但是，仓颉究竟是什么人呢？照近人的解释，"仓颉"的字音近于"商契"，造字的也许指的是商契。商契是商民族的祖宗。"契"有"刀刻"的义；古代用刀笔刻字，文字有"书契"的名称。可能因为这点联系，商契便传为造字的圣人。事实上商契也许和造字全然无涉，但这个传说却暗示着文字起于夏、商之间。这个暗示也许是值得相信的。至于仓颉是黄帝的史官，始见于《说文序》。"仓颉造字说"大概凝定于汉初，那时还没有定出他是那一代的人；《说文序》所称，显然是后来加添的枝叶了。

开头两段从"仓颉造字说"切入，讨论了文字起源的相关问题，如文字的创造者、创造时间、功用价值等。

识字是教育的初步。《周礼·保氏》说贵族子弟八岁入小学，先生教给他们识字。[5]秦以前字体非常庞杂，贵族子弟所学的，大约只是官书罢了。秦始皇统一了天下，他也统一了文字；小篆成了国书[6]，别体渐归淘汰，识字便简易多

5 《周礼·保氏》相关文字如下："养国子以道。乃教之六艺：一曰五礼，二曰六乐，三曰五射，四曰五驭，五曰六书，六曰九数。"朱自清所说，本于《说文解字·序》："周礼：八岁入小学，保氏教国子，先以六书。"

6 小篆，秦代的一种字体，省改大篆而成，也称秦篆，后世通称篆

了。这时候贵族阶级已经没有了，所以渐渐注重一般的识字教育。到了汉代，考试史、尚书史（书记秘书）等官儿，都只凭识字的程度；[7]识字教育更注重了。识字需要字书。相传最古的字书是《史籀篇》，是周宣王的太史籀作的。这部书已

秦篆《秦诏版》

经佚去，但许慎《说文解字》里收了好些"籀文"，又称为"大篆"，字体和小篆差不多，和始皇以前三百年的碑碣器物上的秦篆简直一样。所以现在相信这只是始皇以前秦国的字书。"史籀"是"书记必读"的意思，只是书名。不是人名。

　　始皇为了统一文字，教李斯作了《仓颉篇》七章，赵高作了《爰历篇》六章，胡母敬作了《博学篇》七章。[8]所

书。国书，这里指国家定为标准的书体。

7　意思是：考试选拔诸如史、尚书史这样的官员，就看识字的程度。史是指起草文书的小史。《说文解字·序》："学僮十七以上始试，讽籀书九千字乃得为史；又以八体试之。郡移太史并课，最者，以为尚书史。" 意思是：学童十七岁以上开始可以考试，能背诵籀书九千字就可以为吏；再考试他们能不能写八体书，考试最优等级的人可以担任尚书史。

8　《说文解字·序》："秦始皇帝初兼天下，丞相李斯乃奏同（转下页）

选的字，大部分还是《史籀篇》里的，但字体以当时通用的小篆为准，便与"籀文"略有不同。这些是当时官定的标准字书。有了标准字书，文字统一就容易进行了。汉初，教书先生将这三篇合为一书，单称为《仓颉篇》。秦代那三种字书都不传了，汉代这个《仓颉篇》，现在残存着一部分。西汉时期还有些人作了些字书，所选的字大致和这个《仓颉篇》差不多。就中只有史游的《急就篇》还存留着。《仓颉》残篇四字一句，两句一韵。《急就篇》不分章而分部，前半三字一句，后半七字一句，两句一韵；所收的都是名姓、器物、官名等日常用字，没有说解。这些书和后世"日用杂字"相似，按事类收字——所谓分章或分部，都据事类而言。这些一面供教授学童用，一面供民众检阅用，所收约三千三百字，是通俗的字书。

以上两段以时间为序，叙述了文字的发展及识字教育的重要，介绍了为识字而编写的字书。

东汉和帝时，有个许慎，作了一部《说文解字》。这是一部划时代的字书。经典和别的字书里的字，他都搜罗在他的书里，所以有九千字。而且小篆之外，兼收籀文"古文"；"古文"是鲁恭王所得孔子宅"壁中书"及张仓所献《春秋

（接上页）之，罢其不与秦文合者。斯作《仓颉篇》，中车府令赵高作《爰历篇》，太史令胡毋敬作《博学篇》，皆取史籀大篆，或颇省改，所谓小篆者也。"胡毋，复姓，也作胡母。

左氏传》的字体，大概是晚周民间的别体字。许氏又分析偏旁，定出部首，将九千字分属五百四十部首。书中每字都有说解，用晚周人作的《尔雅》[9]，扬雄的《方言》[10]，以及经典的注文的体例。这部书意在帮助人通读古书，并非只供通俗之用，和秦代及西汉的字书是大不相同的。它保存了小篆和一些晚周文字，让后人可以溯源沿流；现在我们要认识商、周文字，探寻汉以来字体演变的轨迹，都得凭这部书。而且不但研究字形得靠它，研究字音、字义也得靠它。研究文字的形、音、

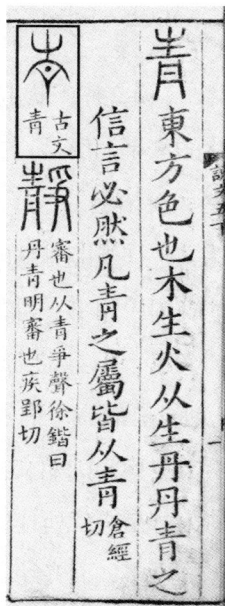

《说文解字》中的"古文"

义的，以前叫"小学"，现在叫文字学。从前学问限于经典，所以说研究学问必须从小学入手；现在学问的范围是广了，但要研究古典、古史、古文化，也还得从文字学入手。《说文解字》是文字学的古典，又是一切古典的工具或门径。

---

9 《尔雅》，我国最早解释词义的专著，由秦汉间学者缀辑先前各书旧文，递相增益而成，是考证词义和古代名物的重要辞书。

10 《方言》，全称《輶轩使者绝代语释别国方言》。輶（yóu）轩，古代使臣乘坐的轻便的车子。輶轩使者到各地采集诗歌、童谣和异语方言等，借以考查风俗民情。《方言》是我国第一部系统记载方言词汇并进行对比研究的著作，对研究古代词汇尤其是方言词汇、训释古代文献有重要价值。

以上一段着重介绍了《说文解字》的内容、体例、价值等。

《说文序》提起出土的古器物，说是书里也搜罗了古器物铭的文字，便是"古文"的一部分，但是汉代出土的古器物很少；而拓墨的法子到南北朝才有，当时也不会有拓本，那些铭文，许慎能见到的怕是更少。所以他的书里还只有秦篆和一些晚周民间书，再古的可以说是没有。到了宋代，古器物出土的多了，拓本也流行了，那时有了好些金石、图录考释的书。"金"是铜器，铜器的铭文称为金文。铜器里钟鼎最是重器，所以也称为钟鼎文。这些铭文都是记事的。而宋以来发现的铜器大都是周代所作，所以金文多是两周的文字。清代古器物出土的更多，而光绪二十五年（西元一八九九）河南安阳发现了商代的甲骨，尤其是划时代的。甲是龟的腹甲，骨是牛胛骨。商人钻灼甲骨，以卜吉凶，卜完了就在上面刻字纪录。这称为甲骨文，又称为卜辞，是盘庚（约西元前一三〇〇）以后的商代文字。这大概是最古的文字了。甲骨文，金文，以及《说

金文

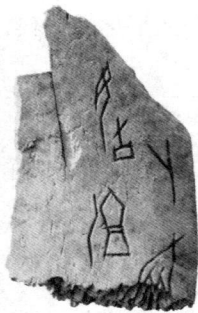

甲骨文

文》里所谓"古文",还有籀文,现在统统算作古文字,这些大部分是文字统一以前的官书。甲骨文是"契"的,金文是"铸"的。铸是先在模子上刻字,再倒铜。古代书写文字的方法,除"契"和"铸"外,还有"书"和"印",因用的材料而异。"书"用笔,竹、木简以及帛和纸上用"书"。"印"是在模子上刻字,印在陶器或封泥上。[11]古代用竹、木简最多,战国才有帛,纸是汉代才有的。笔出现于商代,却只用竹木削成。竹木简、帛、纸,都容易坏,汉以前的,已经荡然无存了。[12]

封泥

秦隶云梦睡虎地秦简

11 原注:古代简牍用泥封口,在泥上盖印。

12 几十年来战国简屡有面世,迄今发现的战国楚简有20余批,最有名的如清华大学于2008年入藏的一批两千多枚战国中晚期的楚简。

以上一段由《说文解字》收集的古文拓展开去，介绍了金文、甲骨文、封泥、简帛文字等相关的文字知识。

造字和用字有六个条例，称为"六书"。"六书"这个总名初见于《周礼》，但六书的各个的名字到汉人的书里才见。一是"象形"，象物形的大概，如"日""月"等字。二是"指事"，用抽象的符号，指示那无形的事类，如"⼆"（上）、"⼀"（下）两个字，短画和长画都是抽象的符号，各代表着一个物类。"⼆"指示甲物在乙物之上，"⼀"指示甲物在乙物之下。这"上"和"下"两种关系便是无形的事类。又如"刃"字，在"刀"形上加一点，指示刃之所在，也是的。三是"会意"，会合两个或两个以上的字为一个字，这一个字的意义是那几个字的意义积成的，如"止""戈"为"武"，"人""言"为"信"等。四是"形声"，也是两个字合成一个字，但一个字是形，一个字是声；形是意符，声是音标。如"江""河"两字，"氵"（水）是形，"工""可"是声。[13]但声也有兼义的。[14]如"浅""钱""贱"三字，"水""金""贝"是形，同以

---

13 《说文解字·序》："一曰指事。指事者，视而可识，察而见意，上下是也。二曰象形。象形者，画成其物，随体诘诎，日月是也。三曰形声。形声者，以事为名，取譬相成，江河是也。四曰会意。会意者，比类合谊，以见指㧑，武信是也。"

14 声也有兼义，指形声字中的声符代表的声音，也有与词义密切关联的，比如后文所举的"戋"作为声符的字，常常有"小"的意义。

"戋"为声；但水小为"浅"，金小为"钱"，贝小为"贱"，三字共有的这个"小"的意义，正是从"戋"字来的。象形、指事、会意、形声，都是造字的条例；形声最便，用处最大，所以我们的形声字最多。

	象　形		指　事			会　意		形　声	
楷体	日	月	上	下	刃	武	信	江	河
篆体	☉	☽	二	二	ヒ	止戈	信	江	河

　　五是"转注"，就是互训。两个字或两个以上的字，意义全部相同或一部相同，可以互相解释的，便是转注字，也可以叫作同义字。如"考""老"等字，又如"初""哉""首""基"等字；前者同形同部，后者不同形不同部，却都可以"转注"。同义字的孳生，大概是各地方言不同和古今语言演变的缘故。六是"假借"，语言里有许多有音无形的字，借了别的同音的字，当作那个意义用。如代名词，"予""汝""彼"等[15]，形况字"犹豫""孟浪""关关""突如"等[16]，虚助字

15　代名词，指代替名词的字词，"予""汝"之类是人称代名词，"彼""此"之类是指示代名词。

16　形况字，指描绘样貌情况的词，朱自清这里所举是联绵词或叠音词，两个音节连缀而不拆开来解释。

"于""以""与""而""则""然""也""乎""哉"等[17]，都是假借字。又如"令"，本义是"发号"，借为县令的"令"；"长"本义是"久远"，借为县长的"长"。"县令""县长"是"令""长"的引伸义。假借本因有音无字，但以后本来有字的也借用别的字。所以我们现在所用的字，本义的少，引伸义的多，一字数义，便是这样来的。这可见假借的用处也很广大。但一字借成数义，颇不容易分别。晋以来通行了四声[18]，这才将同一字分读几个音，让意义分得开些。如"久远"的"长"平声，"县长"的"长"读上声之类。这样，一个字便变成几个字了。转注、假借都是用字的条例。[19]

　　以上两段重点介绍了造字和用字有六个条例，即六书，主要依据《说文解字·序》。

　　象形字本于图画。初民常以画记名，以画记事，这便是象形的源头。但文字本于语言，语言发于声音，以某声

17　虚助字，包括虚词和助词，如"于""以""与""而""则""然"是虚词，"也""乎""哉"是助词。

18　四声，对古汉语四类声调的称呼，即平声、上声、去声、入声，总称"四声"。古汉语平声字对应普通话里的阴平和阳平，即第一声、第二声，上声对应第三声，去声对应第四声。古汉语的入声，其声短促，一发即收，普通话中没有入声，原来的入声字被派到其他声调里去了。有些方言现在还保留着入声，如粤语、闽南话、客家话、吴语等。

19　《说文解字·序》："五曰转注。转注者，建类一首，同意相受，考老是也。六曰假借。假借者，本无其字，依声托事，令长是也。"

命物，某声便是那物的名字，这是"名"；"名"该只指声音而言。画出那物形的大概，是象形字。"文字"与"字"都是通称；分析的说，象形的字该叫作"文"，"文"是"错画"的意思。[20]"文"本于"名"，如先有"日"名，才会有"日"这个"文"；"名"就是"文"的声音。但物类无穷，不能一一造"文"，便只得用假借字。假借字以声为主，也可以叫作"名"。一字借为数字，后世用四声分别，古代却用偏旁分别，这便是形声字。如"箕"本象箕形，是"文"，它的"名"是"丩一"。而日期的"期"，旗帜的"旗"，麒麟的"麒"等，在语言中与"箕"同声，却无专字，便都借用"箕"字。后来才加"月"为"期"，加"㫃"为"旗"，加"鹿"为"麒"，一个字变成了几个字。严格的说，形声字才该叫作"字"，"字"是"孳乳而渐多"的意思。[21]象形有抽象作用，如一画可以代表任何一物，"二"（上）、"二"（下）、"一"、"二"、"三"其实都可以说是象形。象形又有指示作用，如"刀"字上加一点，表明刃在那里。这样，旧时所谓指事字其实都可以归入象形字。象形还有会合作用，会合两个或两个以上的分子，

20　原注：《说文·文部》。按：《说文解字·文部》："文，错画也。象交文。"意思是：文，是交错的纹理线条。象交叉的纹案。

21　原注：《说文序》。按：《说文解字·序》："仓颉之初作书，盖依类象形，故谓之文。其后形声相益，即谓之字。文者，物象之本；字者，言孳乳而浸多也。"

表示一个意义；那么，旧时所谓会意字其实也可以归入象形字。但会合成功的不是"文"，也该是"字"。象形字、假借字、形声字，是文字发展的逻辑的程序，但甲骨文里三种字都已经有了。这里所说的程序，是近人新说，和"六书说"颇有出入。[22]六书说原有些不完备、不清楚的地方，新说加以补充修正，似乎更可信些。

以上一段先解释了文字、语言、事物的关系：先有语言，再有文字，文字是为了记录语言而产生的符号；语言、文字用来记录、表征事物。再从现代语言学的视角对六书说进行了探讨。

秦以后只是书体演变的时代。[23]演变的主因是应用，演变的方向是简易。始皇用小篆统一了文字，不久便又有了"隶书"。当时公事忙，文书多，书记虽遵用小篆，有些下行文书[24]，却不免写得草率些。日子长了，这样写的人多了，便自然而然成了一体，称为"隶书"，因为是给徒隶等下级办公人看的。这种字体究竟和小篆差不多。到了汉末，才渐渐变了，椭圆的变为扁方的，"敛笔"变为"挑笔"。这

22　这里所说的"近人新说"，应该是指陈梦家的学术观点。陈梦家认为："象形（后来又有形声）作为语言的代音字或注音字（即所谓假借）是极重要的。在这里，被假借的象形（或形声）事实上是音符。假借字必须是文字的基本类型之一，它是文字与语言联系的重要环节。"

23　书体，指书写的字体，主要是同一结构的字由于书写形态不同而称名的。

24　下行文书，指上级发往下级的公文。

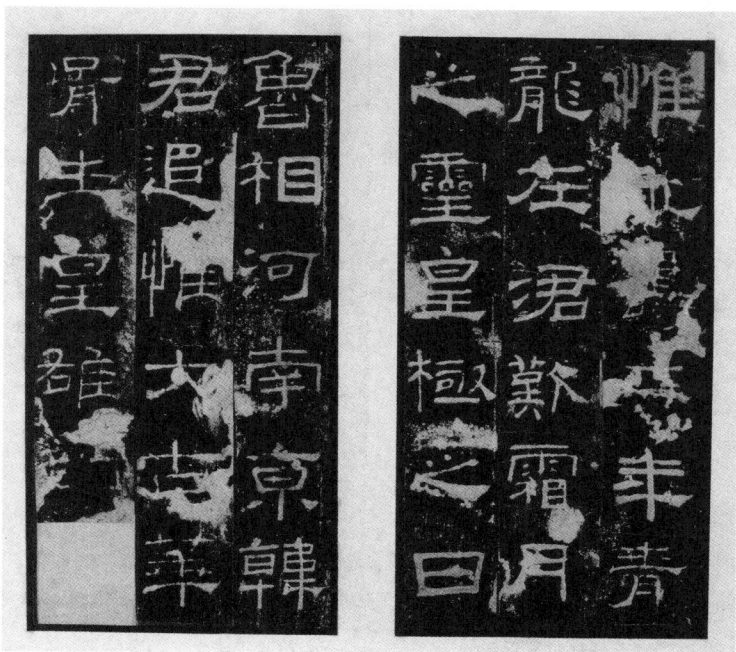

汉隶《礼器碑》

是所谓汉隶，是隶书的标准。晋、唐之间，又称为"八分书"。汉初还有草书，从隶书变化，更为简便。这从清末以来在新疆和敦煌发现的汉、晋间的木简里最能见出。这种草书，各字分开，还带着挑笔，称为"章草"。魏、晋之际，又嫌挑笔费事，改为敛笔，字字连书，以一行或一节为单位。这称为"今草"。隶书方整，去了挑笔，又变为"正书"。这起于魏代。晋、唐之间，却称为"隶书"，而称汉隶为"八分书"。晋代也称为"楷书"。宋代又改称为"真书"。正书本也是扁方的，到陈、隋的时候，渐渐变方

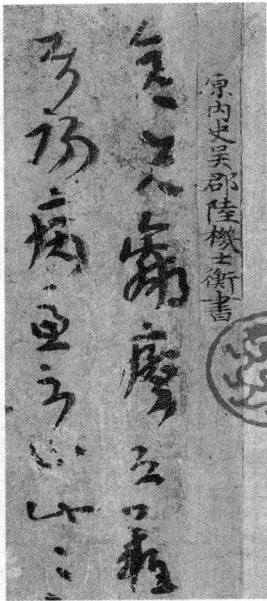

章草晋陆机《平复帖》

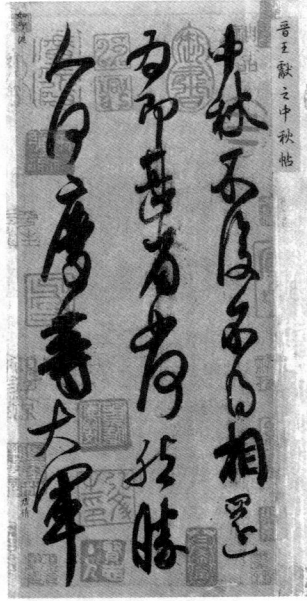

今草晋王献之《中秋帖》

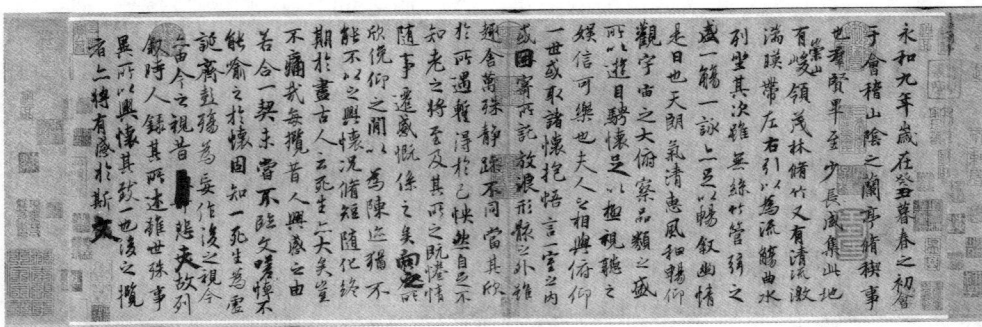

行书王羲之《兰亭集序》

了。到了唐代，又渐渐变长了。这是为了好看。正书简化，便成"行书"，起于晋代。大概正书不免于拘，草书不免于放，行书介乎两者之间，最为适用。但现在还通用着正书，而辅以行、草。一方面却提倡民间的"简笔字"，将正书、行书再行简化；这也还是求应用便利的缘故。

最后一段讲了秦以后的书体演变，主要包括隶书、八分书、草书、楷书、行书。书体"演变的主因是应用，演变的方向是简易"，是很简洁准确的概括。

【参考资料】《说文解字叙》。容庚《中国文字学》。陈梦家《中国文字学》稿本。

拓展阅读

说文解字·序（节选）

古者庖牺氏之王天下也，仰则观象于天，俯则观法于地，观鸟兽之文与地之宜，近取诸身，远取诸物；于是始作《易》八卦，以垂宪象。及神农氏结绳为治，而统其事，庶业其繁，饰伪萌生。黄帝之史仓颉，见鸟兽蹄迒之迹，知分理之可相别异也，初造书契。

译文

古代庖牺氏（伏羲）称王天下，仰观天象，俯观地理，观察鸟兽花纹和地理形态，就近则取法自身，及远则取法外物，基于此创造了《易》八卦，来显示事物变化的基本法则模式。到神农氏，用结绳记事的方法来治理，统领管理各种事务。众事繁多，伪饰萌生。黄帝的史官仓颉，见鸟兽蹄爪的痕迹，知道纹理可以区分，开始创造文字。

仓颉之初作书也，盖依类象形，故谓之文。其后形声相益，即谓之字。文者，物象之本；字者，言孳乳而浸多也。

译文

仓颉最初创造文字，是依据物类画出形象，所以称之为"文"。后来形象和声音相互配合增益，就称之为"字"。文，是万物形象的基础；字，是在"文"的基础上孳生积累而变多的。

周礼：八岁入小学，保氏教国子，先以六书。一曰指事。指事者，视而可识，察而见意，上下是

也。二曰象形。象形者，画成其物，随体诘诎（jié
qū），日月是也。三曰形声。形声者，以事为名，取
譬相成，江河是也。四曰会意。会意者，比类合谊，
以见指㧑，武信是也。五曰转注。转注者，建类一
首，同意相受，考老是也。六曰假借。假借者，本
无其字，依声托事，令长是也。

译文

周礼规定：公卿大夫的子弟八岁入小学，学官教育他
们，先教的是"六书"。一是指事。指事，看着就可认识，
审察就可知意，"上""下"就是此类。二是象形。象形，
把物象画出来，随形体曲折，"日""月"就是此类。三
是形声。形声，以事类选形旁，再取音近的字作为声旁合
成，"江""河"就是此类。四是会意。会意，把字义比并
相合，来表达新字指向的意思，"武""信"就是此类。五
是转注。转注，把同一部首的字划为一类，同义字互相解
释，"考""老"就是此类。六是假借。假借，本来没有这
个字，依据词的声音把事义寄托到别的字上，"令""长"
就是此类。

说文解字（节选）

祭祀也。从示，以手持肉。子例切。

祀 祭无已也。从示，巳声。详里切。禩 祀或从異。

柴 烧柴焚燎以祭天神。从示，此声。《虞書》
曰："至于岱宗，柴。"仕皆切。� 古文祡从隋省。

译文

祭（祭），祭祀的意思。形旁是"示"，用手拿肉供奉神
前。读音是子例切（jì）。

祀（祀），祭祀不停的意思。形旁是"示"，声旁是
"巳"。读音是详里切（sì）。禩（禩），祀的异体也有以"異"为声
符的。

柴（祡），烧柴焚燎来祭天神。"示"是形符，"此"是
声符。《虞书》说："到达岱宗，烧柴焚燎祭天。"读音是仕皆切
（chái）。禥（禥），古文祡以省变后的"隋"为声符。

《周易》第二

题解

　　《周易》也称《易》《易经》，本来用于占卜算卦，后来成为儒家经典之一。"易"是"简易"的意思，因为筮法比卜法简易；"易"也有"变化"的意思，因为卦是表示阴阳变化的。《周易》包括《经》和《传》两部分。《经》亦名《易经》，包括六十四卦和三百八十四爻，卦有卦名与卦辞，爻有爻题与爻辞。《传》亦名《易传》，是对《经》的解释，共七种十篇，旧称"十翼"。《周易》以八卦象征天、地、雷、风、水、火、山、泽等自然现象，以不同组合来象征自然和社会的变化。

　　本篇概述了占卜筮法的起源、发展，着重介绍了八卦的意涵，尤其对《周易》儒家哲学化的解释和原始巫术的使用做了重点辨析，对读者理解《周易》这部神秘的经典很有帮助。

　　在人家门头上，在小孩的帽饰上，我们常见到八卦那

八卦帽

种东西。[1]八卦是圣物，放在门头上，放在帽饰里，是可以辟邪的。辟邪还只是它的小神通，它的大神通在能够因往知来，预言吉凶。算命的，看相的，卜课的，[2]都用得着它。他们普通只用五行生克的道理就够了[3]，但要详细推算，就得用阴阳和八卦的道理。八卦及阴阳五行和我们非常熟习，这些道理直到现在还是我们大部分人的信仰，我们大部分人的日常生活不知不觉之中教这些道理支配着。行人不至，谋事未成，财运欠通，婚姻待决，子息不旺，乃至种种疾病疑难，许多人都会去

1 　八卦，中国古代的一套有象征意义的符号，用来象征各种自然现象和人事现象。相传是伏羲所创，《周易·系辞下》："古者包牺氏之王天下也，仰则观象于天，俯则观法于地，观鸟兽之文，与地之宜；近取诸身，远取诸物，于是始作八卦，以通神明之德，以类万物之情。"意思是：古代庖牺氏称王天下，仰观天象，俯观地理，观察鸟兽花纹和地理形态；就近则取法自身，及远则取法外物，基于此创造了八卦，来会通神妙明显的德性，来比类万物的情状。

2 　因往知来，指根据过往知晓将来。卜课，起课，占卜方法的一种，用掐指、摇铜钱等方法推断吉凶。

3 　五行生克，五行学说的一种观点。五行学说认为宇宙是由金、木、水、火、土五种最基本物质构成的，宇宙中各种事物和现象的发展、变化都是这五种物质不断运动和相互作用的结果。五行之间存在着相生相克的规律。相生，含有互相滋生、促进助长的意思。相克，含有互相制约、克制和抑制的意思。五行相生是：木生火，火生土，土生金，金生水，水生木。五行相克是：木克土，土克水，水克火，火克金，金克木。

求签问卜，算命看相，可见影响之大。[4]讲五行的经典，现在有《尚书·洪范》，讲八卦的便是《周易》。

开头一段先从五行八卦在人们日常生活中的应用说起，引出《周易》。

八卦相传是伏羲氏画的。另一个传说却说不是他自出心裁画的。[5]那时候有匹龙马从黄河里出来，背着一幅图，上面便是八卦，伏羲只照着描下来罢了。但这因为伏羲是圣人，那时代是圣世，天才派了龙马赐给他这件圣物。所谓"河图"，便是这个。[6]那讲五行的《洪范》，据说也是大禹治水时在洛水中从一只神龟背上得着的，也出于天赐。所谓"洛书"，便是那个。[7]但这些神怪的故事，显然是八卦和五行的宣传家造出来抬高这两种学说的地位的。伏羲氏恐怕压根儿就没有这个人，他只是秦、汉间儒家假托的圣王。至

4　行人不至，指出行在外的人不回来。子息不旺，指后代子嗣不旺盛。

5　自出心裁，指出于自己心中的设计或筹划，多指诗文、技艺等的构思有独创性。

6　《尚书·顾命》孔安国传："伏牺王天下，龙马出河，遂则其文以画八卦，谓之'河图'。"意思是：伏羲治理天下，有龙马出于河，于是取法它的花纹而画了八卦，称它为"河图"。

7　《尚书·洪范》孔安国传："天与禹，洛出书。神龟负文而出，列于背，有数至于九。禹遂因而第之，以成九类，常道所以次叙。"关于洛书的由来，除大禹之外，另有出自伏羲、黄帝、仓颉等人的不同说法。

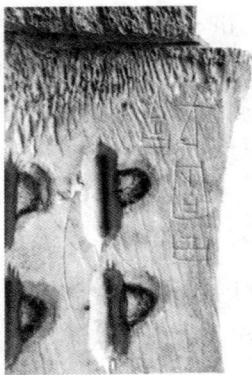
牛肩胛骨的钻痕

蓍草

于八卦，大概是有了筮法以后才有的。[8] 商民族是用龟的腹甲或牛的胛骨卜吉凶，他们先在甲骨上钻一下，再用火灼；甲骨经火，有裂痕，便是兆象，卜官细看兆象，断定吉凶；然后便将卜的人、卜的日子、卜的问句等用刀笔刻在甲骨上，这便是卜辞。卜辞里并没有阴阳的观念，也没有八卦的痕迹。

以上一段讲了八卦和五行产生的传说，即河图、洛书，再以商代甲骨占卜验证了传说的不可信。

卜法用牛骨最多，用龟甲是很少的。商代农业刚起头，游猎和畜牧还是主要的生活方式，那时牛骨头不缺少。到了周代，渐渐脱离游牧时代，进到农业社会了，牛骨头便没有那么容易得了。这时候却有了筮法，作为卜法的辅助。筮法只用些蓍（shī）草，那是不难得的。蓍草是一种长寿草，古人觉得这草和老年人一

8　筮法，指筮占的方法，用草木、数字、方位等起卦。

样，阅历多了，知道的也就多了，所以用它来占吉凶。[9]筮的时候用它的杆子，方法已不能详知，大概是数的。取一把蓍草，数一下看是什么数目，看是奇数还是偶数，也许这便可以断定吉凶。古代人看见数目整齐而又有变化，认为是神秘的东西。数目的连续、循环以及奇偶，都引起人们的惊奇。那时候相信数目是有魔力的，所以巫术里用得着它。——我们一般人直到现在，还嫌恶奇数，喜欢偶数，该是那些巫术的遗迹。那时候又相信数目是有道理的，所以哲学里用得着它。我们现在还说，凡事都有定数，这就是前定的意思；这是很古的信仰了。人生有数，世界也有数，数是算好了的一笔帐；用现在的话说，便是机械的。数又是宇宙的架子，如说太极生两仪，两仪生四象[10]，就是一生二、二生四的意思。筮法可以说是一种巫术，是靠了数目来判断吉凶的。

八卦的基础便是一、二、三的数目。整画"⚊"是一；断画"⚋"是二；三画叠而成卦是☰。这样配出八个卦，便是☰☱☲☳☶☵☴☷；乾、兑、离、震、艮、坎、巽、坤，是这些卦的名字。那整画、断画的

9　蓍草，多年生菊科草本植物。《博物志》："蓍一千岁而三百茎同本，以老，故知吉凶。"意思是：蓍草一千年后则三百茎同长于一株，因为年岁久远，所以能预知吉凶。

10　原注：二语见《易·系辞》。太极是混沌的元气，两仪是天地，四象是日月星辰。按：《易传·系辞》："易有太极，是生两仪。两仪生四象，四象生八卦。"

排列，也许是在排列着蓍草时触悟出来的。八卦到底太简单了，后来便将这些卦重起来，两卦重作一个，按照算学里错列与组合的必然[11]，成了六十四卦，就是《周易》里的卦数。蓍草的应用，也许起于民间；但八卦的创制，六十四卦的推演，巫与卜官大约是重要的脚色。[12]古代巫与卜官同时也就是史官，一切的记载，一切的档案，都掌管在他们手里。他们是当时知识的权威，参加创卦和重卦的工作是可能的。[13]筮法比卜法简便得多，但起初人们并不十分信任它。直到《春秋》时候，还有"筮短龟长"的话。[14]那些时代，大概小事才用筮，大事还得用卜的。

以上两段主要介绍了蓍法和八卦。蓍法大概是取一把蓍草，看其数目是奇数还是偶数。八卦是由整画、断画配出八个卦，再把八卦重叠起来，成六十四卦。

筮法袭用卜法的地方不少。卜法里的兆象，据说有

11　错列与组合，即排列与组合，组合数学中的一种。

12　巫，古代称能以舞降神的人。卜官，古代掌管占卜的官员。

13　创卦，指创造八卦。重卦，即六十四卦，是通过八卦的两两组合，由两个三爻卦组成六爻卦，共有六十四卦，反映六十四种不同的事物、情境、现象及大自然的运作法则等。

14　原注：《左传·僖公四年》。按：《左传·僖公四年》："初，晋献公欲以骊姬为夫人，卜之，不吉；筮之，吉。公曰：'从筮。'卜人曰：'筮短龟长，不如从长。'"筮短龟长，可能是从占卜所用的流程和时间出发，说蓍草占卜不如龟甲占卜流程和时间长，所以更应重视龟甲占卜。

一百二十体，每一体都有十条断定吉凶的"颂"辞。[15]这些是现成的辞。但兆象是自然的灼出来的，有时不能凑合到那一百二十体里去，便得另造新辞。筮法里的六十四卦，就相当于一百二十体的兆象。那断定吉凶的辞，原叫作繇辞，"繇"是抽出来的意思。《周易》里一卦有六画，每画叫作一爻——六爻的次序，是由下向上数的。繇辞有属于卦的总体的，有属于各爻的；所以后来分称为卦辞和爻辞。[16]这种卦、爻辞也是卜筮官的占筮纪录，但和甲骨卜辞的性质不一样。

从卦、爻辞里的历史故事和风俗制度看，我们知道这些是西周初叶的纪录，纪录里好些是不联贯的，大概是几次筮辞并列在一起的缘故。那时卜筮官将这些卦、爻辞按着卦、爻的顺序编辑起来的，便成了《周易》这部书。"易"是"简易"的意思，是说筮法比卜法简易的意思。本来呢，卦数既然是一定的，每卦每爻的辞又是一定的，检查起来，引申推论起来，自然就"简易"了。不过这只在当时的卜筮官如此。他们熟习当时的背景，卦、爻辞虽"简"，他们却觉得"易"。到了后世就不然了，筮法久已失

15　原注：《周礼·春官·太卜》。

16　卦辞和爻辞，卦辞是说明《周易》全卦卦义的文辞，一般认为是卜筮记录，如"乾：元，亨，利，贞"，"乾"是卦名，"元，亨，利，贞"是卦辞。爻辞是说明《周易》六十四卦各爻象的文辞，如"初九：潜龙勿用"，"初九"是爻题，"潜龙勿用"是乾卦初爻的爻辞。

传，有些卦、爻辞简直就看不懂了。《周易》原只是当时一部切用的筮书。

以上两段说《周易》的来源和内容：卦辞、爻辞按着卦、爻的顺序编辑起来，就成了《周易》。它是一本切于实用的占卜书。

《周易》现在已经变成了儒家经典的第一部，但早期的儒家还没有注意这部书。孔子是不讲怪、力、乱、神的。[17]《论语》里虽有"五十以学《易》，可以无大过矣"的话[18]，但另一个本子作"五十以学，亦可以无大过矣"[19]；所以这句话是很可疑的。孔子只教学生读《诗》《书》和《春秋》，确没有教读《周易》。《孟子》称引《诗》《书》，也没说到《周易》。《周易》变成儒家的经典，是在战国末期。那时候阴阳家的学说盛行[20]，儒家大约受了他们的影响，才研究起这部书来。那时候道家的学说也盛行，也从另一面影响了儒家。儒家就在这两家学说的影响之下，给《周易》的卦、

---

17 怪、力、乱、神，指关于怪异、勇力、叛乱、鬼神之事。出自《论语·述而》："子不语怪、力、乱、神。"

18 《论语·述而》："子曰：'加我数年，五十以学《易》，可以无大过矣。'"意思是：孔子说："再给我几年，五十岁的时候去研习《易经》，可以没有大的过错了。"

19 原注：《古论语》作"易"，《鲁论语》作"亦"。按：字不同，断句不同，意思也不同了。

20 阴阳家，百家之一，盛行于战国末期到汉初，齐国人驺衍是其创始人。阴阳家的学问被称为"阴阳说"，其核心内容是阴阳五行。

爻辞作了种种新解释。这些新解释并非在忠实的、确切的解释卦、爻辞，其实倒是借着卦、爻辞发挥他们的哲学。这种新解释存下来的，便是所谓《易传》。

《易传》中间较有系统的是彖辞和象辞。彖辞断定一卦的涵义——"彖"就是"断"的意思。象辞推演卦和爻的象，这个"象"字相当于现在所谓"观念"。这个字后来成为解释《周易》的专门名词。但彖辞断定的涵义，象辞推演的观念，其实不是真正从卦、爻里探究出来的；那些只是作传的人傅会在卦、爻上面的。这里面包含着多量的儒家伦理思想和政治哲学；象辞的话更有许多和《论语》相近的。但说到"天"的时候，不当作有人格的上帝，而只当作自然的道，却是道家的色彩了。这两种传似乎是编纂起来的，并非一人所作。此外有《文言》和《系辞》。《文言》解释乾坤两卦；《系辞》发挥宇宙观、人生观，偶然也有分别解释卦、爻的话。这些似乎都是抱残守缺，汇集众说而成。到了汉代，又新发现了《说卦》《序卦》《杂卦》三种传。《说卦》推演卦象，说明某卦的观念象征着自然界和人世间的某些事物，譬如乾卦象征着天，又象征着父之类。《序卦》说明六十四卦排列先后的道理。《杂卦》比较各卦意义的同异之处。这三种传据说是河内一个女子在什么地方找着的[21]，后来称为《逸易》；其实也许就是汉代人

---

21 《隋书·经籍志》："秦焚书，《周易》独以卜筮得存，唯失《说卦》三篇。后河内女子得之。"河内，约相当于今豫北地区。

作的。

八卦原只是数目的巫术，这时候却变成数目的哲学了。那整画"━"是奇数，代表天，那断画"━ ━"是偶数，代表地。奇数是阳数，偶数是阴数，阴阳的观念是从男女来的。有天地，不能没有万物，正和有男女就有子息一样，所以三画才能成一卦。卦是表示阴阳变化的，《周易》的"易"，也便是变化的意思。为什么要八个卦呢？这原是算学里错列与组合的必然，但这时候却想着是万象的分类。乾是天，是父等；坤是地，是母等；震是雷，是长子等；巽是风，是长女等；坎是水，是心病等；离是火，是中女等；艮是山，是太监等；兑是泽，是少女等。这样，八卦便象征着也支配着整个的大自然，整个的人间世了。八卦重为六十四卦，卦是复合的，卦象也是复合的，作用便更复杂、更具体了。据说伏羲、神农、黄帝、尧、舜一班圣人看了六十四卦的象，悟出了种种道理，这才制造了器物，建立了制度、耒耜（lěi sì）以及文字等等东西[22]，"日中为市"等等制度[23]，都是他们从六十四卦推演出来的。

22　耒耜，传说中神农发明的一种像犁的翻土农具。耜用于起土，耒是耜上的弯木柄。

23　日中为市，出自《易·系辞下》："日中为市，致天下之民，聚天下之货，交易而退，各得其所。"意思是：中午进行交易做生意，招来天下百姓，聚集天下货物，交换后便退去，货物便各自得到合适的场所了。

这个观象制器的故事，见于《系辞》。《系辞》是最重要的一部《易传》。这传里借着八卦和卦、爻辞发挥着的融合儒、道的哲学，和观象制器的故事，都大大的增加了《周易》的价值，抬高了它的地位。《周易》的地位抬高了，关于它的传说也就多了。《系辞》里只说伏羲作八卦；后来的传说却将重卦的，作卦、爻辞的，作《易传》的人，都补出来了。但这些传说都比较晚，所以有些参差，不尽能像"伏羲画卦说"那样成为定论。重卦的人，有说是伏羲的，有说是神农的，有说是文王的。卦、爻辞有说全是文王作的，有说爻辞是周公作的；有说全是孔子作的。《易传》却都说是孔子作的。这些都是圣人。《周易》的经传都出于圣人之手，所以和儒家所谓道统，关系特别深切；这成了他们一部传道的书。所以到了汉代，便已跳到六经之首了。[24]但另一面阴阳八卦与五行结合起来，三位一体的演变出后来医卜、星相种种迷信，种种花样，支配着一般民众，势力也非常雄厚。这里面儒家的影响却很少了，大部分还是《周易》原来的卜筮传统的力量。儒家的《周易》是哲学化了的；民众的《周易》倒是巫术的本来面目。

　　以上四段讲儒家以自家哲学来解释《周易》，渗透着儒家伦理思想和政治哲学，形成了《易传》。这也是《周易》逐步成为儒家经典

24　原注：《庄子·天运》篇和《天下》篇所说六经的次序是：《诗》《书》《礼》《乐》《易》《春秋》；到了《汉书·艺文志》，便成了《易》《书》《诗》《礼》《乐》《春秋》了。

的过程。

【**参考资料**】顾颉刚《周易卦爻辞中的故事》（《古史辨》第三册上）。李镜池《易传探原》（同上）。余永梁《易卦爻辞的时代及其作者》（同上）。

拓展阅读

乾卦爻辞

乾：元，亨，利，贞。

初九，潜龙勿用。

九二，见龙在田，利见大人。

九三，君子终日乾乾，夕惕若厉，无咎。

九四，或跃在渊，无咎。

九五，飞龙在天，利见大人。

上九，亢龙有悔。

用九，见群龙无首，吉。

译文

乾象天：万物的开始，亨通的力量，和谐而有利于物，光明而正大。

初九，潜伏的龙不发挥作用。

九二，龙出现于田野，利于拜见大人。

九三，君子终日勇猛精进，深夜保持警惕，如若面对危险，没有灾祸。

九四，龙有时飞起，有时潜在渊水，没有灾祸。

九五，龙高飞于天，利于拜见大人。

上九，高飞到顶的龙有所悔过。

用九，群龙出现，没有首领，吉利。

《彖》曰：大哉乾元，万物资始，乃统天。云行雨施，品物流形。大明终始，六位时成，时乘六龙以御天。乾道变化，各正性命，保合太和，乃利贞。首出庶物，万国咸宁。

译文

《彖传》说：伟大啊上天的元气，万物有资于它而开始，它统御着天。云行于天，雨水施布，各类事物随地成形。辉煌的太阳周而复始，六个爻位按时形成，按时驾六龙运转于天。天道变化，各自保持正道本性。保全太和元气，便能和谐而有利于物，光明而正大。上天的元气使得万物不断重新萌生，天下万国和美安宁。

《象》曰：天行健，君子以自强不息。"潜龙勿用"，阳在下也。"见龙在田"，德施普也。"终日乾乾"，反复道也。"或跃在渊"，进无咎也。"飞龙在天"，大人造也。"亢龙有悔"，盈不可久也。"用九"，天德不可为首也。

译文

《象传》说：天道运行，刚强劲健，君子也一样自强不息。"潜伏的龙，不宜妄动"，因为龙是阳性之物，潜在水下，则阳气较弱。"龙出现于田野"，阳气之德普施人间。"终日勇猛精进"，反复行其正道。"有时飞起，有时潜在渊水"，精进也不会有灾害。"龙高飞于天"，大人到达了。"高飞到顶的龙，有所悔过"，满盈不可持久。"用九"，天的美德不自居于首位。

《尚书》第三

题解

  《尚书》，最早应该成于史官之手，并作为档案被各代政府保存下来。一开始被称为《书》，到了汉代被叫作《尚书》，"尚"是"上"的意思。《尚书》所记载的历史，上起传说中的尧虞舜时代，下迄东周。《尚书》按朝代编排，分成《虞书》《夏书》《商书》《周书》。它的基本内容是古代帝王的文告和君臣谈话记录，这些内容有的是当时的史官所记，有的是后代史官追记。《尚书》记载了虞、夏、商、周的重要史实，反映了这一时期的天文、地理、思想、教育、刑法和制度等，是了解上古社会的珍贵史料。就文学而言，《尚书》也具有渊源、典范和标志意义，各个朝代的制诰、诏令、章奏等各类公文都受它影响，历代文章家也都从中汲取营养。

  本篇对《尚书》的来源、内容、价值做了概述，而重点梳理了《尚书》的流变。流传至今的《尚书》包括《今文尚书》和《古文尚书》两部分。现存二十八篇《今文尚书》传说是秦汉之际的博士伏生传下来的，用当时的文字写成，所以叫作《今文尚书》。《古文尚书》编纂流传涉及的问题更加错综复杂，所以本篇主要的笔墨也用在了对此的详细梳理上。

　　《尚书》是中国最古的记言的历史。所谓记言，其实也是记事，不过是一种特别的方式罢了。记事比较的是间接的，记言比较的是直接的。记言大部分照说的话写下来，虽然也须略加剪裁，但是尽可以不必多费心思。记事需要化自称为他称，剪裁也难，费的心思自然要多得多。

　　中国的记言文是在记事文之先发展的。商代甲骨卜辞大部分是些问句[1]，记事的话不多见。两周金文也还多以记言为主。直到战国时代，记事文才有了长足的进展。古代言文大概是合一的，说出的、写下的都可以叫作"辞"。卜辞我们称为"辞"，《尚书》的大部分其实也是"辞"。我们相信这些辞都是当时的"雅言"[2]，就是当时的官话或普通话。但传

1　卜辞，殷人占卜后，将占卜的人、事、时间、结果等刻在占卜所用的龟甲兽骨上，这类文字称为卜辞。卜辞偶尔也有成段记事或成章如诗的。

2　原注："雅言"，见《论语·述而》。按：雅言，指中国最早的通用语言，与方言相对，在通用意义上相当于现在的普通话，后人将古汉语通用的上古音系称为"雅言"。《论语·述而》："子所雅言，《诗》、《书》、执礼，皆雅言也。"是说《诗经》《尚书》以及操作正规礼制，都使用雅言。

到后世，这种官话或普通话却变成诘屈聱牙的古语了。[3]

　　《尚书》包括虞、夏、商、周四代[4]，大部分是号令，就是向大众宣布的话，小部分是君臣相告的话。也有记事的，可是照近人的说数，那记事的几篇，大都是战国末年人的制作，应该分别的看。那些号令多称为"誓"或"诰"，后人便用"誓""诰"的名字来代表这一类。平时的号令叫"诰"，有关军事的叫"誓"。君告臣的话多称为"命"；臣告君的话却似乎并无定名，偶然有称为"谟"[5]的。这些辞有的是当代史官所记，有的是后代史官追记；当代史官也许根据新闻，后代史官便只能根据传闻了。这些辞原来似乎只是说的话，并非写出的文告；史官纪录，意在存作档案，备后来查考之用。这种古代的档案，想来很多，留下来的却很少。汉代传有《书序》，来历不详，也许是周、秦间人所作。有人说，孔子删《书》为百篇[6]，每篇有序，说明作意。这却缺乏可信的证据。孔子教学生的典籍里有

3　诘屈聱牙，形容文字晦涩艰深，难懂难读。语出韩愈《进学解》："周《诰》殷《盘》，佶屈聱牙。"

4　《尚书》包括《虞书》《夏书》《商书》《周书》四部分。虞舜出身于有虞氏部落，故而所建朝代被称为"虞"。

5　原注：《说文·言部》："谟，议谋也。"

6　由于秦始皇焚书，《尚书》到了汉代就只剩下伏生为避秦末战乱而藏入壁中的二十九篇，此后虽然间有佚篇发现，但终残缺不全。西汉后期传说《尚书》原有三千多篇，经孔子删定，剩下一百二十篇。

《书》，倒是真的。那时代的《书》是个什么样子，已经无从知道。"书"原是纪录的意思[7]；大约那所谓"书"只是指当时留存着的一些古代的档案而言；那些档案恐怕还是一件件的，并未结集成书。成书也许是在汉人手里。那时候这些档案留存着的更少了，也更古了，更稀罕了；汉人便将它们编辑起来，改称《尚书》。"尚"，"上"也；《尚书》据说就是"上古帝王的书"[8]。"书"上加一"尚"字，无疑的是表示着尊信的意味。至于《书》称为"经"，始于《荀子》[9]；不过也是到汉代才普遍罢了。

以上三段总体介绍《尚书》的性质、特征及名称的来由。

儒家所传的五经中，《尚书》残缺最多，因而问题也最多。秦始皇烧天下诗书及诸侯史记，并禁止民间私藏一切书。到汉惠帝时，才开了书禁；文帝接着更鼓励人民献书。书才渐渐见得着了。那时传《尚书》的只有一个济南伏生。[10]伏生本是秦博士。始皇下诏烧诗书的时候，他将《书》藏在墙壁

7　原注：《说文·书部》："书，著也。"

8　原注：《论衡·正说》篇。按：《论衡·正说》篇："《尚书》者，以为上古帝王之书，或以为上所为下所书，授事相实而为名。"

9　原注：《劝学》篇。按：《荀子·劝学》篇："学恶乎始？恶乎终？曰：其数则始乎诵经，终乎读礼。"荀子建议"始乎诵经"，就是从诵读经书开始，而后文所说的经书中是包含了《尚书》的，所以可以说是把《书》称为"经"。

10　原注：裴骃《史记集解》引张晏曰："伏生名胜，《伏氏碑》云。"按：意思是根据《伏氏碑》，伏生的名是胜。

里。后来兵乱，他流亡在外。汉定天下，才回家；检查所藏的《书》，已失去数十篇，剩下的只二十九篇了。他就守着这一些，私自教授于齐、鲁之间。文帝知道了他的名字，想召他入朝。那时他已九十多岁，不能远行到京师去。文帝便派掌故官晁错来从他学。伏生私人的教授，加上朝廷的提倡，使《尚书》流传开去。伏生所藏的本子是用"古文"写的[11]，还是用秦篆写的，不得而知；他的学生却只用当时的隶书钞录流布。这就是东汉以来所谓《今尚书》或《今文尚书》。[12]汉武帝提倡儒学，立五经博士；宣帝时每经又都分家数立官，共立了十四博士。每一博士各有弟子员若干人。每家有所谓"师法"或"家法"，从学者必须严守。这时候经学已成利禄[13]的途径，治经学的自然就多起来了。《尚书》也立下欧阳（和伯）、大小夏侯（夏侯胜、夏侯建）三博士，却都是伏生一派分出来的。当时去伏生已久[14]，传经的儒者为使人尊信的缘故，竟有硬说《尚书》完整无缺的。他们说，二十九篇是取法天象的，一

11　古文，古代文字形体，这里泛指秦以前留传下来的篆文体系的汉字，如金文、籀文。

12　今文，是汉代通用的隶书。用隶书记录口传的经书，称为今文经。从战国到西汉，中国文字有过两次大变化。战国时流行的是"籀书"（大篆），但各国所用差异甚大。秦始皇统一六国后，"书同文"，将籀书规整为小篆。汉代又通行简化小篆为隶书。因此，汉代人用隶书书写的书籍称为"今文"（即当代的、当时的文字），汉以前用籀书写的称为"古文"。

13　利禄，指利益与爵禄。

14　去伏生已久，指距离伏生的年代已经很久了。

座北斗星加上二十八宿，不正是二十九吗！[15]这二十九篇，东汉经学大师马融、郑玄都给作过注；可是那些注现在差不多亡失干净了。

以上一段主要介绍《今文尚书》的源流变化。

汉景帝时，鲁恭王为了扩展自己的宫殿，去拆毁孔子的旧宅。在墙壁里得着"古文"经传数十篇，其中有《书》。这些经传都是用"古文"写的；所谓"古文"，其实只是晚周民间别体字。[16]那时恭王肃然起敬，不敢再拆房子，并且将这些书都交还孔家的主人孔子的后人叫孔安国的。安国加以整理，发见其中的《书》比通行本多出十六篇；这称为《古文尚书》。武帝时，安国将这部书献上去。因为语言和字体的两重困难，一时竟无人能通读那些"逸书"，所以便一直压在皇家图书馆里。成帝时，刘向、刘歆父子先后领校皇家藏书。刘向开始用《古文尚书》校勘今文本子，校出今文脱简及异文各若干。[17]哀帝时，刘歆

15　原注：《论衡·正说》篇。按：《论衡·正说》篇："或说《尚书》二十九篇者，法曰斗七宿也。四七二十八篇，其一曰斗矣，故二十九。"

16　晚周，指周代末期。别体字，即异体字，指跟规定的正体字读音、意义相同但写法不同的汉字。

17　脱简，指原文有较多字句的脱漏。上古的书籍是在竹简、木牍上刻写后将简片以绳子依次串联而成的。某一简若有脱失，则刻于其上的字句亦随之遗漏。后代因以"脱简"作为书籍中成句、成行的脱文的代称。异文，指同一书的不同版本或不同的书记载同一事物而字句互异。

想将《左氏春秋》《毛诗》《逸礼》及《古文尚书》立博士；这些都是所谓"古文"经典。当时的五经博士不以为然，刘歆写了长信和他们争辩。[18]这便是后来所谓今古文之争。

以上一段主要介绍孔安国整理的《古文尚书》及刘歆欲立博士的事，引出今古文之争。

今古文之争是西汉经学一大史迹。所争的虽然只在几种经书，他们却以为关系孔子之道即古代圣帝明王之道甚大。"道"其实也是幌子，骨子里所争的还在禄位与声势；当时今古文派在这一点上是一致的。不过两派的学风确也有不同处。大致今文派继承先秦诸子的风气，"思以其道易天下"[19]，所以主张通经致用。[20]他们解经，只重微言大

---

18   原注：《汉书》本传。按：《汉书》刘歆本传载："及歆亲近，欲建立《左氏春秋》及《毛诗》《逸礼》《古文尚书》皆列于学官。哀帝令歆与五经博士讲论其义，诸博士或不肯置对，歆因移书太常博士，责让之曰……"这封书信后来被称为《移让太常博士书》，是汉代学术思想源流重要且关键的文章，是汉代思想的一个缩影。

19   原注：语见章学诚《文史通义·言公》上。按：此语见《文史通义·原道》中，原文是："而诸子纷纷，则已言道矣。……皆自以为至极，而思以其道易天下者也。"意思是：诸子纷乱，已经是在说各自的道了。……都觉得自己的道是最好的，想着用自己的道来改变世界。

20   通经致用，学习经书是为了付诸实用。"经"指儒家经学。语出顾炎武《亭林徐集·与任钧衡》："近世号为通经者，大都皆口耳之学，无得于心；既无心得，尚安望其致用哉？"

义；[21]而所谓微言大义，其实只是他们自己的历史哲学和政治哲学。古文派不重哲学而重历史，他们要负起保存和传布文献的责任；所留心的是在章句、训诂、典礼、名物之间。[22]他们各得了孔子的一端，各有偏畸的地方。[23]到了东汉，书籍流传渐多，民间私学日盛。[24]私学压倒了官学，古文经学压倒了今文经学；学者也以兼通为贵，不再专主一家。但是这时候"古文"经典中《逸礼》即《礼古经》已经亡佚，《尚书》之学，也不昌盛。

东汉初，杜林曾在西州（今新疆境）得漆书《古文尚书》一卷，非常宝爱[25]，流离兵乱中，老是随身带着。他是怕"《古文尚书》学"会绝传，所以这般珍惜。当时经师贾逵、马融、郑玄都给那一卷《古文尚书》作注，从此《古文尚书》才显于世。[26]原来"《古文尚书》学"直到贾逵才

21　微言大义，包含在精微语言里的深刻的道理。语出汉代刘歆《移让太常博士书》："及夫子殁而微言绝，七十子卒而大义乖。"

22　章句，分析和注解古书的章节和句子。训诂，解释古书中字句的意义。典礼，解释典法礼仪。名物，解释事物得名的由来及内涵。

23　一端，事情的一点或一个方面。偏畸，偏于一端。

24　私学，古代私人办理的学校，与官府办理的官学相对。

25　漆书，古时无纸笔，以漆把文字写在竹木简上，称为"漆书"。宝爱，珍惜喜爱。

26　原注：《后汉书·杨伦传》。按：杨伦本传在《后汉书·儒林传》的最后一位，在杨伦本传结束即写杨伦"卒于家"后，对《古文尚书》的情况做了一个总结："中兴，北海牟融习《大夏侯尚（转下页）

真正开始；从前是没有什么师说的。而杜林所得只一卷，决不如孔壁所出的多。学者竟爱重到那般地步。大约孔安国献的那部《古文尚书》，一直埋没在皇家图书馆里，民间也始终没有盛行，经过西汉末年的兵乱，便无声无臭的亡失了罢。杜林的那一卷，虽经诸大师作注，却也没传到后世；这许又是三国兵乱的缘故。《古文尚书》的运气真够坏的，不但没有能够露头角，还一而再的遭到了些冒名顶替的事儿。这在西汉就有。汉成帝时，因孔安国所献的《古文尚书》无人通晓，下诏征求能够通晓的人。东莱有个张霸，不知孔壁的书还在，便根据《书序》，将伏生二十九篇分为数十，作为中段，又采《左氏传》及《书序》所说，补作首尾，共成《古文尚书百二篇》。每篇都很简短，文意又浅陋。他将这伪书献上去。成帝教用皇家图书馆藏着的孔壁《尚书》对看，满不是的。成帝便将张霸下在狱里，却还存着他的书，并且听它流传世间。后来张霸的再传弟子樊并谋反，朝廷才将那书毁废；这第一部伪《古文尚书》就从此失传了。

（接上页）书》，东海王良习《小夏侯尚书》，沛国桓荣习《欧阳尚书》。荣世习相传授，东京最盛。扶风杜林传《古文尚书》，林同郡贾逵为之作训，马融作传，郑玄注解，由是《古文尚书》遂显于世。"意思是：光武中兴，北海牟融学《大夏侯尚书》，东海王良学《小夏侯尚书》，沛国桓荣学《欧阳尚书》。桓荣世代学习传授，东京称他最盛。扶风杜林传《古文尚书》，杜林同郡人贾逵为它作训，马融作传，郑玄作注解，由是《古文尚书》显于世上。

以上一段叙述杜林漆书《古文尚书》流行于世的经过，以及成帝时张霸献《百二篇》的伪《古文尚书》事。

到了三国末年，魏国出了个王肃，是个博学而有野心的人。他伪作了《孔子家语》《孔丛子》[27]，又伪作了一部孔安国的《古文尚书》，还带着孔安国的传。他是个聪明人，伪造这部《古文尚书》孔传，是很费了心思的。他采辑群籍中所引"逸书"，以及历代嘉言[28]，改头换面，巧为联缀，成功了这部书。他是参照汉儒的成法，先将伏生二十九篇分割为三十三篇，另增多二十五篇，共五十八篇[29]，以合于东汉儒者如桓谭、班固所记的《古文尚书》篇数。所增各篇，用力阐明儒家的"德治主义"[30]，满纸都是仁义道德的格言。这是汉武帝罢黜百家、专崇儒学以来的正统思想[31]，所谓大经、大法，足以取信于人。只看宋以来儒者所口诵

27　原注：《家语》托名孔安国，《孔丛子》托名孔鲋。

28　嘉言，善言，美言。这里指精彩言论。

29　原注：桓谭《新论》作五十八，《汉书·艺文志》自注作五十七。

30　德治主义，儒家创立的治国理论，被封建统治者长期奉为正统思想。主张以道德去感化教育人。儒家认为，无论人性善恶，都可以用道德去感化教育人；用德治主义治国，是最彻底、根本和积极的办法，是法律制裁所不能办到的。

31　罢黜百家、专崇儒学，是董仲舒提出建议、汉武帝实行的统治政策和治国思想。儒家的大一统、仁义思想和君臣伦理观念维护了封建统治秩序，神化了专制王权，因而受到中国古代统治者的推崇，成为两千多年来封建社会的正统思想。

心维的"十六字心传"[32]，正在他伪作的《大禹谟》里，便见出这部伪书影响之大。其实《尚书》里的主要思想，该是"鬼治主义"，像《盘庚》等篇所表现的。"原来西周以前，君主即教主，可以唯所欲为，不受什么政治道德的约束。逢到臣民不听话的时候，只要抬出上帝和先祖来，自然一切解决。"这叫作"鬼治主义"。"西周以后，因疆域的开拓，交通的便利，富力的增加，文化大开。自孔子以至荀卿、韩非，他们的政治学说都建筑在人性上面。尤其是儒家，把人性扩张得极大。他们觉得政治的良好只在诚信的感应；只要君主的道德好，臣民自然风从，用不到威力和鬼神的压迫。"这叫作"德治主义"。[33]看古代的档案，包含着"鬼治主义"思想的，自然比包含着"德治主义"思想的可信得多。但是王肃的时代早已是"德治主义"的时代；他的伪书所以专从这里下手。他果然成功了。只是词旨坦明[34]，毫无诘屈聱牙之处，却不免露出了马脚。

32　原注：见真德秀《大学衍义》。所谓十六字是："人心惟危，道心惟微；惟精惟一，允执厥中。"在伪《大禹谟》里，是舜对禹的话。按："十六字心传"是儒学所说的圣贤传心之言，意思是：人心危险难安，道心微妙难明。惟有精心体察，专心守住，才能把握不偏不倚的正确之道。孔门儒学主张根据这十六个字去治理国家、教化人民。口诵心维，口里念诵，心里思考。

33　原注：以上引顾颉刚《盘庚中篇今译》(《古史辨》第二册)。

34　词旨坦明，言辞意旨直率明白。

以上一段叙述王肃伪作了孔安国《古文尚书》事，这部伪《古文尚书》影响很大，再从"德治主义"和"鬼治主义"的区别加以辨析：王肃伪《古文尚书》是"德治主义"的，真的《尚书》应该是"鬼治主义"的。

晋武帝时候，孔安国的《古文尚书》曾立过博士[35]；这《古文尚书》大概就是王肃伪造的。王肃是武帝的外祖父，当时即使有怀疑的人，也不敢说话。可是后来经过怀帝永嘉之乱[36]，这部伪书也散失了，知道的人很少。东晋元帝时，豫章内史梅赜（zé）发见了它，便拿来献到朝廷上去。这时候伪《古文尚书》孔传便和马、郑注的《尚书》并行起来了。大约北方的学者还是信马、郑的多，南方的学者才是信伪孔的多。等到隋统一了天下，南学压倒了北学，马、郑《尚书》，习者渐少。唐太宗时，因章句繁杂，诏令孔颖达等编撰《五经正义》；高宗永徽四年（西元六五三），颁行天下，考试必用此本。《正义》成了标准的官书，经学从此大统一。那《尚书正义》便用的伪《古文尚书》孔传。

35　原注：《晋书·荀崧传》。按：《晋书·荀崧传》："时方修学校，简省博士，置《周易》王氏、《尚书》郑氏、《古文尚书》孔氏、《毛诗》郑氏、《周官礼记》郑氏、《春秋左传》杜氏服氏、《论语》《孝经》郑氏博士各一人，凡九人。"这里说到的"《古文尚书》孔氏"就是指孔安国《古文尚书》。

36　永嘉之乱，西晋怀帝永嘉五年（311），匈奴军队攻陷洛阳，俘获晋怀帝，杀王公士民十万余人。永嘉之乱使得当时中国北方的经济完全崩溃，中国再次走向分裂。中国北部进入战乱不休的五胡十六国；南方则建立起东晋政权，史称"衣冠南渡"。

伪孔定于一尊[37]，马、郑便更没人理睬了；日子一久，自然就残缺了，宋以来差不多就算亡了。伪《古文尚书》孔传如此这般冒名顶替了一千年，直到清初的时候。

以上一段讲王肃伪《古文尚书》的后续遭遇：至唐代《五经正义》成为标准官书，伪孔定于一尊。

这一千年中间，却也有怀疑伪《古文尚书》孔传的人。南宋的吴棫首先发难。他有《书裨传》十三卷[38]，可惜不传了。朱子因孔安国的"古文"字句皆完整，又平顺易读，也觉得可疑。[39]但是他们似乎都还没有去找出确切的证据。至少朱子还不免疑信参半：他还采取伪《大禹谟》里"人心""道心"的话解释四书，建立道统呢。[40]元代的吴澄才断然的将伏生今文从伪古文分出；他的《尚书纂言》只注解今文，将伪古文除外。明代梅鷟（zhóu）著《尚书考

37　定于一尊，指思想、学术、道德等以一个最权威的对象做唯一的标准。

38　原注：陈振孙《直斋书录解题》四。

39　原注：见《朱子语类》七十八。按：朱子，是对南宋著名理学家朱熹的尊称。《朱子语类》七十八："伏生《书》多艰涩难晓，孔安国壁中《书》却平易易晓。……某尝疑孔安国《书》是假书。……汉儒训释文字，多是如此，有疑则阙。今此却尽释之，岂有千百年前人说底话，收拾于灰烬屋壁中与口传之余，更无一字诡舛！……况先汉文章，重厚有力量。今《大序》格致极轻，疑是晋宋间文章。况孔《书》至东晋方出，前此诸儒皆不曾见，可疑之甚！"

40　道统，指儒家学术思想承续、传授的统系。朱熹认为孔子的学说是上接尧、舜、汤、周文王，并自命是继承孔子的正统。

异》，更力排伪孔，并找出了相当的证据。但是严密钩稽（jī）决疑定谳（yàn）的人[41]，还得等待清代的学者。这里该提出三个可尊敬的名字。第一是清初的阎若璩（qú），著《古文尚书疏证》，第二是惠栋，著《古文尚书考》；两书辨析详明，证据确凿，教伪孔体无完肤，真相毕露。但将作伪的罪名加在梅赜头上，还不免未达一间。[42]第三是清中叶的丁晏，著《尚书馀论》，才将真正的罪人王肃指出。千年公案，从此可以定论。这以后等着动手的，便是搜辑汉人的伏生《尚书》说和马、郑注。这方面努力的不少，成绩也斐然可观；不过所能作到的，也只是抱残守缺的工作罢了。伏生《尚书》从千年迷雾中重露出真面目，清代诸大师的劳绩是不朽的。但二十九篇固是真本，其中也还该分别的看。照近人的意见，《周书》大都是当时史官所记，只有一、二篇像是战国时人托古之作。《商书》究竟是当时史官所记，还是周史官追记，尚在然疑之间。[43]《虞、夏书》大约是战国末年人托古之作，只《甘誓》那一篇许是后代史官追记的。这么着，《今文尚书》里便也有了真伪之分了。

41　钩稽，指对书籍进行查考和审核。决疑定谳，指解决疑问、做出定论。

42　未达一间，指未能通达，还差一点。

43　然疑，然指认可，疑指怀疑，然疑指或认可或怀疑。

最后一段集中叙述对伪《古文尚书》孔传的怀疑辨析，进一步叙述对伏生《尚书》的年代辨析。

【参考资料】王先谦《尚书孔传参正·序例》及卷三十六《伪孔安国序》。顾颉刚《论〈今文尚书〉著作时代书》(《古史辨》第一册)。

拓展阅读

今文尚书·虞书·皋陶谟（节选）

曰若稽古。皋陶曰："允迪厥德，谟明弼谐。"禹曰："俞！如何？"皋陶曰："都！慎厥身，修思永，惇叙九族，庶明励翼，迩可远在兹。"禹拜昌言，曰："俞！"

译文

查考往古旧事。皋陶说："确信地按照先王的德行方式做事，就会决策英明，群臣同心。"禹说："是啊，怎么操作呢？"皋陶说："啊！要谨慎其身，提升自身修养，使近亲宽厚顺从，使贤人勉力辅佐，由近及远，先从自身做起。"禹非常佩服这种高明的见解，说："对！"

古文尚书·虞书·大禹谟（节选）

日若稽古。大禹曰："文命敷于四海，祗承于帝。"曰："后克艰厥后，臣克艰厥臣，政乃乂，黎民敏德。"帝曰："俞！允若兹，嘉言罔攸伏，野无遗贤，万邦咸宁。稽于众，舍己从人，不虐无告，不废困穷，惟帝时克。"

译文

查考往古旧事。大禹说："文教遍于四海，恭敬地继承先帝。"说："君主能以做君主为难事，臣子能以做臣子为难事，政事就能治理，百姓就能修德为善。"舜说："对！确实如此，善言无所隐匿，民间没有弃置的贤人，万国都将安宁。考察民众，舍弃私见，跟随众人，不欺凌无依靠的人，不放弃困窘艰难的人，只有尧帝时时做到。"

《诗经》第四

题解

  《诗经》是我国最早的诗歌总集，本来只称《诗》，西汉时被尊为儒家经典，始称《诗经》。《诗经》分《风》《雅》《颂》三部分：《风》是各地歌谣；《雅》是正声雅乐，分《小雅》和《大雅》；《颂》是王庭和贵族宗庙的祭祀乐歌，分《周颂》《鲁颂》和《商颂》。中国是诗的国度，而《诗经》可以看成中国诗歌的源头，它为中国文学尤其是诗歌提供了楷模和范式。

  本篇从诗的源头说起，点出《诗经》是歌谣的唱词汇编这一本质，对"赋诗言志""断章取义"这些"用诗"的方法加以阐释，再对毛公、郑玄等人的"解诗"加以说明，最后对"六义"即风、雅、颂、赋、比、兴做了解释。

  诗的源头是歌谣。上古时候，没有文字，只有唱的歌谣，没有写的诗。一个人高兴的时候或悲哀的时候，常愿意将自己的心情诉说出来，给别人或自己听。日常的言语不够劲儿，便用歌唱；一唱三叹的叫别人回肠荡气。唱叹再不够的话，便手也舞起来了，脚也蹈起来了[1]，反正要将劲儿使到了家。碰到节日，大家聚在一起酬神作乐，唱歌的机会更多。或一唱众和，或彼此竞胜。传说葛天氏的乐八章，三个人唱，拿着牛尾，踏着脚[2]，似乎就是描写这种光景的。歌谣越唱越多，虽没有书，却存在人的记忆里。有了现成的歌儿，就可借他人酒杯，浇自己块垒[3]；随时拣一支合式的唱唱[4]，也足可消愁解闷。若没有完全合式的，尽可删一些、改一些，到称意为止。流行的歌谣中往往不同的词句并行不悖，就是为此。可也有经过众人修饰，成为定本的。歌谣真可说是"一人的机锋，多人的智慧"了。[5]

歌谣可分为徒歌和乐歌。徒歌是随口唱，乐歌是随着乐器唱。徒歌也有节奏，手舞脚蹈便是帮助节奏的；可是

---

1 《毛诗序》："情动于中而形于言，言之不足故嗟叹之，嗟叹之不足故永歌之，永歌之不足，不知手之舞之，足之蹈之也。"

2 原注：《吕氏春秋·古乐》篇。按：《吕氏春秋·古乐》："昔葛天氏之乐，三人操牛尾投足以歌八阕。"葛天氏，传说中的远古帝名，一说部落名。

3 借他人酒杯，浇自己块垒，出自明代李贽《焚书·杂说》："夺他人之酒杯，浇自己之块垒。"用在这里指借助他人现成的歌谣，来排遣自己的积郁、抒发自己的情感。

4 合式，指符合规格和程式。

5 原注：英美吉特生《英国民歌论说》。译文据周作人《自己的园地·歌谣》章。按：句意是歌谣汇集了众人的智慧，用一个人的才华道出来。

曾侯乙墓出土的编钟

乐歌的节奏更规律化些。乐器在中国似乎早就有了，《礼记》里说的土鼓土槌儿、芦管儿[6]，也许是我们乐器的老祖宗。到了《诗经》时代，有了琴瑟钟鼓，已是洋洋大观了。歌谣的节奏，最主要的靠重叠或叫复沓；本来歌谣以表情为主，只要翻来覆去将情表到了家就成，用不着费话。重叠可以说原是歌谣的生命，节奏也便建立在这上头。字数的均齐，韵脚的调协，似乎是后来发展出来的。有了这些，重叠才在诗歌里失去主要的地位。

　　开头两段主要介绍了诗的源头是歌谣，这给诗歌带来了一些特点，"重叠可以说原是歌谣的生命"。对早期诗歌而言，重叠、节奏也具有重要的价值。

6　原注："土鼓""土槌儿"（蒉桴）见《礼运》和《明堂位》，"芦管儿"（苇籥）见《明堂位》。按：蒉桴，用草和土抟成的鼓槌。苇籥，用芦苇做成的吹管乐器。

有了文字以后，才有人将那些歌谣记录下来，便是最初的写的诗了。但记录的人似乎并不是因为欣赏的缘故，更不是因为研究的缘故。他们大概是些乐工，乐工的职务是奏乐和唱歌；唱歌得有词儿，一面是口头传授，一面也就有了唱本儿。歌谣便是这么写下来的。我们知道春秋时的乐工就和后世阔人家的戏班子一样，老板叫作太师。那时各国都养着一班乐工，各国使臣来往，宴会时都得奏乐唱歌。太师们不但得搜集本国乐歌，还得搜集别国乐歌。不但搜集乐词，还得搜集乐谱。那时的社会有贵族与平民两级。太师们是伺候贵族的，所搜集的歌儿自然得合贵族们的口味；平民的作品是不会入选的。他们搜得的歌谣，有些是乐歌，有些是徒歌。徒歌得合乐才好用。合乐的时候，往往得增加重叠的字句或章节，便不能保存歌词的原来样子。除了这种搜集的歌谣以外，太师们所保存的还有贵族们为了特种事情，如祭祖、宴客、房屋落成、出兵、打猎等等作的诗。这些可以说是典礼的诗。又有讽谏、颂美等等的献诗；献诗是臣下作了献给君上，准备让乐工唱给君上听的，可以说是政治的诗。太师们保存下这些唱本儿，带着乐谱；唱词儿共有三百多篇，当时通称作《诗三百》。到了战国时代，贵族渐渐衰落，平民渐渐抬头，新乐代替了古乐，职业的乐工纷纷散走。乐谱就此亡失，但是还有三百来篇唱词儿流传下来，便是后来的《诗经》了。[7]

以上一段讲《诗经》的来源：《诗经》原来是流传下来的唱词的汇编。

“诗言志”是一句古话[8]；“诗”（䛇）这个字就是“言”“志”两个字合成的。但古代所谓“言志”和现在所谓“抒情”并不一样；那“志”总是关联着政治或教化的。春秋时通行赋诗。在外交的宴会里，各国使臣往往得点一篇诗或几篇诗叫乐工唱。这很像现在的请客点戏，不同处是所点的诗句必加上政治的意味。这可以表示这国对那国或这人对那人的愿望、感谢、责难等等，都从诗篇里断章取义。断章取义是不管上下文的意义，只将一章中一两句拉出来，就当前的环境，作政治的暗示。如《左传》襄公二十七年，郑伯宴晋使赵孟于垂陇，赵孟请大家赋诗，他想看看大家的“志”。子太叔赋的是《野有蔓草》。原诗首章云：“野有蔓草，零露漙（tuán）兮。有美一人，清扬婉兮。邂逅相遇，适我愿兮。”子太叔只取末两句，借以表示郑国欢迎赵孟的意思；上文他就不管。全诗原是男女私情

7　原注：今《诗经》共三百十一篇，其中六篇有目无诗，实存三百零五篇。

8　《尚书·舜典》：“诗言志，歌永言，声依永，律和声。八音克谐。”“诗言志”，是我国古代文论家对诗的本质特征的认识。《毛诗序》：“诗者，志之所之也。在心为志，发言为诗。”大意为：诗是表达人的思想的，是人的心灵世界的呈现。

之作，他更不管了。可是这样办正是"诗言志"；在那回宴会里，赵孟就和子太叔说了"诗以言志"这句话。

以上一段讲赋诗言志：取诗篇一章中一两句，就当前的环境，作政治的暗示。

到了孔子时代，赋诗的事已经不行了[9]，孔子却采取了断章取义的办法，用诗来讨论做学问做人的道理。"如切如磋，如琢如磨"[10]，本来说的是治玉，将玉比人。他却用来教训学生做学问的工夫。[11]"巧笑倩兮，美目盼兮，素以为绚兮"[12]，本来说的是美人，所谓天生丽质。他却拉出末句来比方作画，说先有白底子，才会有画，是一步步进展的；作画还是比方，他说的是文化，人先是朴野的，后来才进展了文化——文化必须修养而得，并不是与生俱来的。[13]他如

---

9 不行，不施行，不通行。

10 原注：《卫风·淇奥》的句子。

11 原注：《论语·学而》。按：《论语·学而》记载，"子贡曰：'《诗》云："如切如磋，如琢如磨。"其斯之谓与？'子曰：'赐也，始可与言《诗》已矣，告诸往而知来者。'"意思是：子贡说：《诗》上说：'要像对待骨、角、象牙、玉石一样，先开料，再糙锉，细刻，然后磨光。'那就是这样的意思吧？"孔子道："赐呀，现在可以同你讨论《诗》了，告诉你一件，你能有所发挥，举一反三了。"

12 原注："巧笑倩兮，美目盼兮"，《卫风·硕人》的句子；"素以为绚兮"一句今已佚。按：《诗经·卫风·硕人》："手如柔荑（tí），肤如凝脂，领如蝤蛴（qiú qí），齿如瓠（hù）犀。螓首蛾眉，巧笑倩兮，美目盼兮。""素以为绚兮"可能是散佚的诗句。

13 原注：《论语·八佾》。按：《论语·八佾》："子夏问曰：（转下页）

此解诗，所以说"思无邪"一句话可以包括《诗三百》的道理；¹⁴又说诗可以鼓舞人，联合人，增加阅历，发泄牢骚，事父事君的道理都在里面。¹⁵孔子以后，《诗三百》成为儒家的六经之一，《庄子》和《荀子》里都说到"诗言志"¹⁶，那个"志"便指教化而言。

以上一段讲孔子用《诗》来讨论做人做事的道理，讲到《诗》的价值。

但春秋时列国的赋诗只是用诗，并非解诗；那时诗的主要作用还在乐歌，因乐歌而加以借用，不过是一种方便罢了。至于诗篇本来的意义，那时原很明白，用不着讨论。到了孔子时代，诗已经不常歌唱了，诗篇本来的意义，经

─────────────

（接上页）'巧笑倩兮，美目盼兮，素以为绚兮，何谓也？'子曰：'绘事后素。'曰：'礼后乎？'子曰：'起予者商也！始可与言《诗》已矣。'"意思是：子夏问道："'有酒窝的脸笑得美呀，黑白分明的眼流转得媚呀，洁白的底子上画着美丽的图案呀。'这几句诗是什么意思？"孔子说："先有白色底子，然后画画。"子夏道："那么，是不是礼乐的产生在仁义之后呢？"孔子道："卜商呀，你真是能启发我的人。现在可以同你讨论《诗》了。"

14　原注："思无邪"，《鲁颂·駉》的句子；"思"是语词，无义。按：《论语·为政》灵活地引用了这句话：《诗》三百，一言以蔽之，曰：思无邪。"可以理解为：《诗》三百篇，一句话来概括，就是：心思无邪。

15　原注：《论语·阳货》。按：《论语·阳货》："子曰：'小子何莫学夫《诗》！《诗》，可以兴，可以观，可以群，可以怨。迩之事父，远之事君；多识于鸟兽草木之名。'"

16　《庄子·天下》："《诗》以道志。"《荀子·儒效》："《诗》言是其志也。"

过了多年的借用，也渐渐含糊了。他就按着借用的办法，根据他教授学生的需要，断章取义的来解释那些诗篇。后来解释《诗经》的儒生都跟着他的脚步走。最有权威的毛氏《诗传》和郑玄《诗笺》差不多全是断章取义[17]，甚至断句取义——断句取义是在一句、两句里拉出一个两个字来发挥，比起断章取义，真是变本加厉了。

毛氏有两个人：一个毛亨，汉时鲁国人，人称为大毛公，一个毛苌（cháng），赵国人，人称为小毛公；是大毛公创始《诗经》的注解，传给小毛公，在小毛公手里完成的。郑玄是东汉人，他是专给《毛传》作《笺》的，有时也采取别家的解说；不过别家的解说在原则上也还和毛氏一鼻孔出气，他们都是以史证诗。他们接受了孔子"无邪"的见解，又摘取了孟子的"知人论世"[18]的见解，以为用孔子的诗的哲学，别裁古代的史说[19]，拿来证明那些诗篇是什么时代作的，为什么事作的，便是孟子所谓"以意逆志"[20]。

17　毛氏《诗传》，指西汉时鲁国毛亨和赵国毛苌所辑和注的《诗》，也就是现在流行于世的《诗经》。郑玄《诗笺》，指东汉郑玄所撰的《毛诗传笺》，简称《郑笺》或《毛诗笺》。

18　原注：见《孟子·万章》。按：《孟子·万章下》："颂其诗，读其书，不知其人可乎？是以论其世也。"知人论世，指了解一个人并研究他所处的时代背景。

19　别裁，区别取舍或别出心裁。

20　原注：见《孟子·万章》。按：《孟子·万章上》："故说诗者，不以文害辞，不以辞害志，以意逆志，是为得之。"意思是：解说诗的人，不要拘于文字而误解词句，也不要拘于词句而误解诗人的本意，要通过自己读作品的感受去推测诗人的本意，这样才能真正读懂诗。

其实孟子所谓"以意逆志"倒是说要看全篇大意，不可拘泥在字句上，与他们不同。他们这样猜出来的作诗人的志，自然不会与作诗人相合；但那种志倒是关联着政治教化而与"诗言志"一语相合的。这样的以史证诗的思想，最先具体的表现在《诗序》里。

《诗序》有《大序》《小序》。《大序》好像总论，托名子夏[21]，说不定是谁作的。《小序》每篇一条，大约是大、小毛公作的。以史证诗，似乎是《小序》的专门任务；传里虽也偶然提及，却总以训诂为主[22]，不过所选取的字义，意在助成序说，无形中有个一定方向罢了。可是《小序》也还是泛说的多，确指的少。到了郑玄，才更详密的发展了这个条理。他按着《诗经》中的国别和篇次，系统的附合史料，编成了《诗谱》，差不多给每篇诗确定了时代；《笺》中也更多的发挥了作为各篇诗的背景的历史。以史证诗，在他手里算是集大成了。

以上三段讲解诗，即诗的解释，集中对毛氏《诗传》和郑玄《诗笺》以及《诗大序》和《诗小序》做了介绍。

《大序》说明诗的教化作用；这种作用似乎建立在风、雅、颂、赋、比、兴，所谓"六义"上。《大序》只解释了风、雅、颂。说风是风化（感化）、风刺的意思，雅是正

21　子夏，孔子弟子卜商，字子夏。

22　训诂，解释古书中字句的意义。

的意思，颂是形容盛德的意思。这都是按着教化作用解释的。照近人的研究，这三个字大概都从音乐得名。风是各地方的乐调，《国风》便是各国土乐的意思。雅就是"乌"字，似乎描写这种乐的呜呜之音。雅也就是"夏"字，古代乐章叫作"夏"的很多，也许原是地名或族名。雅又分《大雅》《小雅》，大约也是乐调不同的缘故。颂就是"容"字。容就是"样子"；这种乐连歌带舞，舞就有种种样子了。风、雅、颂之外，其实还该有个"南"。南是南音或南调，《诗经》中《周南》《召南》的诗，原是相当于现在河南、湖北一带地方的歌谣。《国风》旧有十五，分出二南，还剩十三；而其中邶（bèi）、鄘（yōng）两国的诗，现经考定，都是卫诗，那么只有十一《国风》[23]了。颂有《周颂》《鲁颂》《商颂》，《商颂》经考定实是《宋颂》。至于搜集的歌谣，大概是在二《南》、《国风》和《小雅》里。

赋、比、兴的意义，说数最多。大约这三个名字原都含有政治和教化的意味。赋本是唱诗给人听，但在《大序》里，也许是"直铺陈今之政教善恶"[24]的意思。比、兴都是《大序》所谓"主文而谲谏"，不直陈而用譬喻叫"主文"，

23　原注：卫、王、郑、齐、魏、唐、秦、陈、桧、曹、豳。

24　原注：《周礼·大师》郑玄注。按：郑玄注："赋之言铺，直铺陈今之政教善恶。"意思是：赋说的是"铺"，直接铺陈叙述当下政教好坏。

委婉讽刺叫"谲谏"。说的人无罪，听的人却可警诫自己。[25]《诗经》里许多譬喻就在比兴的看法下，断章断句的硬派作政教的意义了。比、兴都是政教的譬喻，但在诗篇发端的叫作兴。[26]《毛传》只在有兴的地方标出，不标赋、比；想来赋义是易见的，比、兴虽都是曲折成义，但兴在发端，往往关系全诗，比较更重要些，所以便特别标出了。《毛传》标出的兴诗，共一百十六篇，《国风》中最多，《小雅》第二；按现在说，这两部分搜集的歌谣多，所以譬喻的句子也便多了。

最后两段讲《诗经》"六义"即风、雅、颂、赋、比、兴，指出风、雅、颂或都与音乐有关系。

【**参考资料**】顾颉刚《诗经在春秋战国间的地位》(《古史辨》第三册下)。顾颉刚《论诗经所录全为乐歌》(同上)。朱自清《言志说》(《语言与文学》)。朱自清《赋比兴说》(《清华学报》十二卷三期)。

---

25 《诗大序》："上以风化下，下以风刺上，主文而谲谏，言之者无罪，闻之者足以戒。"意思是：通过诗歌的形式，用隐深的文辞作委婉的讽谏，说的人无罪，听的人可警诫自己。

26 发端，指在诗的开头位置。"兴"意思是"起"，所以也被称为"起兴"，是借助其他事物为所咏之物作铺垫，往往用于诗的开头。

拓展阅读

诗大序（节选）

风，风也，教也。风以动之，教以化之。诗者，志之所之也。在心为志，发言为诗。情动于中而形于言，言之不足故嗟叹之，嗟叹之不足故永歌之，永歌之不足，不知手之舞之，足之蹈之也。情发于声，声成文谓之音。治世之音安以乐，其政和；乱世之音怨以怒，其政乖；亡国之音哀以思，其民困。故正得失，动天地，感鬼神，莫近于诗。先王以是经夫妇，成孝敬，厚人伦，美教化，移风俗。故诗有六义焉：一曰风，二曰赋，三曰比，四曰兴，五曰雅，六曰颂。上以风化下，下以风刺上。主文而谲谏，言之者无罪，闻之者足以戒，故曰风。

译文

风，就是风，就是教；用风来触动，用教来感化。诗，是思想感情所去的地方。在心里是志，发于语言就是诗。情思波动于心，便表现为语言，语言不足以表达，便吁嗟叹息，吁嗟叹息不足以表达，便长声歌咏，长声歌咏不足以表达，便不自觉地手舞足蹈。情表现为声音，声音有一定的章法曲调，就是音乐。太平之世的音乐安顺而欢乐，其政治是和谐的；动乱之世的音乐愁怨而愤怒，其政治是乖戾的；亡国之时的音乐哀伤而悲愁，其国民是困顿的。所以矫正得失，触动天地，感动鬼神，没什么比诗更适合的了。古代君王以诗来维系夫妻，养成孝敬，敦厚人伦，淳美教化，改易风俗。所以诗有六义：一叫风，二叫赋，三叫比，四叫兴，五叫雅，六叫颂。上位者用风来教化在下者，下位者用风来讽喻在上者。用隐深的文辞作委婉的讽谏，说的人无罪，听的人可警诫自己，所以称为风。

诗·郑风·野有蔓草

野有蔓草，零露溥兮。有美一人，清扬婉兮。邂逅相遇，适我愿兮。

野有蔓草，零露瀼瀼。有美一人，婉如清扬。邂逅相遇，与子偕臧。

注释

◎蔓草，蔓生野草。◎溥溥（tuán），露水盛多的样子。◎清扬，眼睛明亮有神的样子。◎婉，柔和的样子。◎邂逅，不期而遇。◎瀼瀼（ráng），露水盛多的样子。◎如，形容词后缀，相当于"然"。◎臧（zāng），善，好。

三《礼》第五

题解

三《礼》，指的是《仪礼》《周礼》《礼记》。《仪礼》又称《礼经》或《士礼》，记载了春秋战国时士人实施的礼制，如冠、婚、丧、祭、朝、聘、燕享等典礼的详细仪式，体现等差人伦的礼节仪式，可以看出当时宗教信仰、亲族制度、政治组织和外交方式等。《周礼》记载的是一套政治制度，是春秋战国国家机构设置、职能分工的政典，记载了数百个王室大小官职及其职权。《礼记》主要是记载和论述礼制、礼意，解释《仪礼》，记录孔子和弟子等的问答，记述修身作人的准则。比较而言，《仪礼》偏重行为规范，《周礼》偏重政治制度，《礼记》偏重对具体礼仪的解释、论述。

本篇详细叙述了"礼"作为政治制度、宗教仪式、风俗习惯的本质和表现，再对作为礼的一部分的"乐"也做了介绍，从乐到《乐记》，最终归于对三《礼》即《仪礼》《周礼》《礼记》的介绍。

"天地君亲师"牌位

许多人家的中堂里，供奉着"天地君亲师"的大牌位。[1]天地代表生命的本源。亲是祖先的意思，祖先是家族的本源。君师是政教的本源。人情不能忘本，所以供奉着这些。荀子只称这些为礼的三本；[2]大概是到了后世才宗教化了的。荀子是儒家大师。儒家所称道的礼，包括政治制度、宗教仪式、社会风俗习惯等等，却都加以合理的说明。从那"三本说"，可以知道儒家有拿礼来包罗万象的野心，他们认礼为治乱的根本；这种思想可以叫作礼治主义。

开头一段是总起，指出礼的本质是对天地、祖先、君师这些本源的纪念，儒家的礼包括了政治制度、宗教仪式、社会风俗习惯等

1　中堂，正中的厅堂。天地君亲师，中国儒家祭祀的对象。设一天地君亲师牌位或条幅供奉于中堂，是祭天地、祭祖、祭圣贤等民间祭祀的综合，也是传统敬天法祖、孝亲顺长、忠君爱国、尊师重教等价值取向的体现。

2　原注：《礼论篇》。按：《荀子·礼论》："礼有三本：天地者，生之本也；先祖者，类之本也；君师者，治之本也。"意思是：礼有三个本源：天地，是生命的本源；先祖，是种族的本源；君师，是政教治理的本源。

等，是一个综合体。

怎样叫作礼治呢？儒家说初有人的时候，各人有各人的欲望，各人都要满足自己的欲望，没有界限，没有分际，大家就争起来了。你争我争，社会就乱起来了。那时的君师们看了这种情形，就渐渐给定出礼来，让大家按着贵贱的等级，长幼的次序，各人得着自己该得的一分儿吃的、喝的、穿的、住的，各人也做着自己该做的一分儿工作。各等人有各等人的界限和分际；若是只顾自己，不管别人，任性儿贪多务得，偷懒图快活，这种人就得受严厉的制裁，有时候保不住性命。这种礼，教人节制，教人和平，建立起社会的秩序，可以说是政治制度。

以上一段说作为政治制度的礼：等级次序，界限分际。

天生万物，是个很古的信仰。这个天是个能视能听的上帝，管生杀，管赏罚。在地上的代表，便是天子。天子祭天，和子孙祭祖先一样。地生万物是个事实。人都靠着地里长的活着，地里长的不够了，便闹饥荒；地的力量自然也引起了信仰。天子诸侯祭社稷，祭山川，都是这个来由。最普遍的还是祖先的信仰。直到我们的时代，这个信仰还是很有力的。按儒家说，这些信仰都是"报本返始"[3]的意思。报本返始是庆幸生命的延续，追念本源，感恩怀

3　原注：《礼记·郊特牲》。按：报本返始，指回报本源，反馈所始。

德，勉力去报答的意思。但是这里面怕不单是怀德，还有畏威的成分。[4]感谢和恐惧产生了种种祭典。儒家却只从感恩一面加以说明，看作礼的一部分。但这种礼教人恭敬，恭敬便是畏威的遗迹了。儒家的丧礼，最主要的如三年之丧，也建立在感恩的意味上；却因恩谊的亲疏，又定出等等差别来。这种礼，大部分可以说是宗教仪式。

以上一段说作为宗教仪式的礼：从祖先信仰，到怀德畏威。

居丧一面是宗教仪式[5]，一面是普通人事。普通人事包括一切日常生活而言。日常生活都需要秩序和规矩。居丧以外，如婚姻、宴会等大事，也各有一套程序，不能随便马虎过去；这样是表示郑重，也便是表示敬意和诚心。至于对人，事君，事父母，待兄弟、姊妹，待子女，以及夫妇、朋友之间，也都自有一番道理。按着尊卑的分际，各守各的道理，君仁臣忠，父慈子孝，兄友弟恭，夫妇朋友互相敬爱，才算能做人；人人能做人，天下便治了。就是一个人饮食言动，也都该有个规矩，别叫旁人难过，更别侵犯着旁人，反正诸事都记得着自己的分儿。这些个规矩也是礼的一部分；有些固然含着宗教意味，但大部分可以说是风俗习惯。这些风俗习惯有一些也可以说是生活的艺术。

4　怀德，感念恩德。畏威，畏惧声威。

5　居丧，指尊亲死后在家守丧，不办理外事，在服丧期停止娱乐和交际，表示哀悼。

以上一段说作为风俗习惯的礼：日常生活的秩序和规矩。

王道不外乎人情[6]，礼是王道的一部分，按儒家说是通乎人情的。[7] 既通乎人情，自然该诚而不伪了。但儒家所称道的礼，并不全是实际施行的。有许多只是他们的理想，这种就不一定通乎人情了。就按那些实际施行的说，每一个制度、仪式或规矩，固然都有它的需要和意义，但是社会情形变了，人的生活跟着变；人的喜、怒、爱、恶，虽然还是喜、怒、爱、恶，可是对象变了。那些礼的惰性却很大，并不跟着变。这就留下了许许多多遗形物，没有了需要，没有了意义；不近人情的伪礼，只会束缚人。《老子》里攻击礼，说"有了礼，忠信就差了"[8]；后世有些人攻击礼，说"礼不是为我们定的"[9]；近来大家攻击礼教，说"礼教是吃人的"[10]。这都是指着那些个伪礼说的。

6　王道，儒家提出的以仁义治天下的政治主张。

7　原注：《礼记·乐记》。按：《礼记·乐记》："乐也者，情之不可变者也；礼也者，理之不可易者也。乐统同，礼辨异。礼乐之说，管乎人情矣。"大意是：乐主合同，则远近皆合；礼主恭敬，则贵贱有序。人情所怀，不过于此，所以说礼乐之说是包含在人情之内的。

8　原注：《老子》三十八章。按：《老子》三十八章："礼者，忠信之薄而乱之首也。"意思是：礼，是忠信的衰减，是纷乱的起始。

9　原注：阮籍语，原文见《世说新语·任诞》。按：该篇记载，阮籍的嫂子要回娘家，阮籍去道别，有人指责他，阮籍反驳说："礼岂为我辈设也？"

10　1918年5月，鲁迅在《新青年》上发表了《狂人日记》，里面写道："我翻开历史一查，这历史没有年代，歪歪斜斜的每页（转下页）

以上一段叙说礼本来是通乎人情的，而不近人情的伪礼则会束缚人、伤害人。

　　从来礼乐并称，但乐实在是礼的一部分；乐附属于礼，用来补助仪文的不足。[11]乐包括歌和舞，是"人情之所必不免"[12]的。不但是"人情之所必不免"，而且乐声的绵延和融和也象征着天地万物的"流而不息，合同而化"[13]。这便是乐本。[14]乐教人平心静气，互相和爱，教人联合起来，成为一整个儿。人人能够平心静气，互相和爱，自然没有贪欲、捣乱、欺诈等事，天下就治了。乐有改善人心、移风易俗的功用，所以与政治是相通的。按儒家说，礼、乐、刑、政，到头来只是一个道理；这四件都顺理成章了，便是王道。这四件是互为因果的。礼坏乐崩，政治一定不成；所

────────────

（接上页）上都写着'仁义道德'几个字。我横竖睡不着，仔细看了半夜，才从字缝里看出字来，满本都写着两个字是'吃人'！"清代戴震也说过"酷吏以法杀人，后儒以理杀人"这样的话。

11　仪文，礼仪形式。

12　原注：《荀子·乐论》篇，《礼记·乐记》。按：两书相同的句子是："夫乐者，乐也，人情之所必不免也。"意思是：音乐，就是快乐，是人类情感必不可免的事物。

13　原注：《礼记·乐记》。按：原句是："流而不息，合同而化，而乐兴焉。"意思是：万物流动，变化不息，相同者合，不同者化，于是就兴起了乐。

14　乐本，指音乐的本源。

以审乐可以知政。[15]"治世之音安以乐，其政和；乱世之音怨以怒，其政乖；亡国之音哀以思，其民困。"[16]吴公子季札到鲁国观乐，乐工奏那一国的乐，他就知道是那一国的；他是从乐歌里所表现的政治气象而知道的。[17]歌词就是诗；诗与礼乐也是分不开的。孔子教学生要"兴于诗，立于礼，成于乐"[18]；那时要养成一个人才，必需学习这些。这些诗、礼、乐，在那时代都是贵族社会所专有，与平民是无干的。到了战国，新声兴起，古乐衰废，听者只求悦耳，就无所谓这一套乐意。汉以来胡乐大行[19]，那就更说不到了。

以上一段从礼到乐，叙说乐有改善人心、移风易俗以及观乐知

15　原注:《礼记·乐记》。按：原句是："审声以知音，审音以知乐，审乐以知政，而治道备矣。"意思是：审察声就可以懂得音，审察音就可以懂得乐，审察乐就可以懂得政治，这样治理国家的道理也就具备了。

16　原注:《礼记·乐记》。按：引句意为：太平之世的音乐安顺而欢乐，其政治是和谐的；动乱之世的音乐愁怨而愤怒，其政治是乖戾的；亡国之时的音乐哀伤而悲愁，其国民是困顿的。

17　原注:《左传·襄公二十九年》。按：这个故事是："吴公子札来聘……请观于周乐。使工为之歌《周南》《召南》，曰：'美哉！始基之矣，犹未也。然勤而不怨矣。'为之歌《邶》《鄘》《卫》，曰：'美哉，渊乎！忧而不困者也。吾闻卫康叔、武公之德如是，是其《卫风》乎？'为之歌《王》，曰：'美哉！思而不惧，其周之东乎？'"说的是吴公子季札出使鲁国，鲁国人为他演奏乐舞，在演奏的过程中，季札根据音乐表现出来的政治气象判定所奏的音乐是哪一国的。

18　原注:《论语·泰伯》。按：引句意为：诗激发人的心志，礼使人立身于社会，乐使人所学得以完成。

19　胡乐，胡地的音乐，指西北方及北方民族和西域各地的音乐。

政的功用。

古代似乎没有关于乐的经典；只有《礼记》里的《乐记》，是抄录儒家的《公孙尼子》等书而成，原本已经是战国时代的东西了。关于礼，汉代学者所传习的有三种经和无数的"记"。那三种经是《仪礼》《礼古经》《周礼》。《礼古经》已亡佚，《仪礼》和《周礼》相传都是周公作的。但据近来的研究，这两部书实在是战国时代的产物。《仪礼》大约是当时实施的礼制，但多半只是士的礼。那些礼是很繁琐的，踵事增华的多[20]，表示诚意的少，已经不全是通乎人情的了。《仪礼》可以说是宗教仪式和风俗习惯的混合物;《周礼》却是一套理想的政治制度。那些制度的背景可以看出是战国时代；但组成了整齐的系统，便是著书人的理想了。

"记"是儒家杂述礼制、礼制变迁的历史，或礼论之作；所述的礼制有实施的，也有理想的。又叫作《礼记》；这《礼记》是一个广泛的名称。这些"记"里包含着《礼古经》的一部分。汉代所见的"记"很多，但流传到现在的只有三十八篇《大戴记》和四十九篇《小戴记》。后世所称《礼记》，多半专指《小戴记》说。大戴是戴德；小戴是戴圣，戴德的侄儿。相传他们是这两部书的编辑人。但

20　踵事增华，继续前人的事业，并使之更加完善美好。

二戴都是西汉的《仪礼》专家。汉代有五经博士；凡是一家一派的经学影响大的，都可以立博士。大戴《仪礼》学后来立了博士，小戴本人就是博士。汉代经师的家法最严，一家的学说里绝不能掺杂别家。但现存的两部"记"里都各掺杂着非二戴的学说。所以有人说这两部书是别人假托二戴的名字纂辑的；至少是二戴原书多半亡佚，由别人拉杂凑成的，——可是成书也还在汉代。——这两部书里，《小戴记》容易些，后世诵习的人比较多些；所以差不多专占了《礼记》的名字。

最后两段从《乐记》到《礼记》到三《礼》，分别对《仪礼》《周礼》《礼记》加以概括说明。

【参考资料】洪业《礼记引得·序》《仪礼引得·序》。

拓展阅读

周礼·冢宰第一·叙官

惟王建国，辨方正位，体国经野，设官分职，以为民极。乃立天官冢宰，使帅其属，而掌邦治，以佐王均邦国。

译文

王建立国都，辨别方向，摆正位置，划分国都、郊野的界限，分设百官，明确职位，作为民众的标准。于是设立天官冢宰这一官职，让他率领部属，来掌管天下治理，以辅佐王治理邦国。

仪礼·士相见礼（节选）

凡侍坐于君子，君子欠伸，问日之早晏，以食具告。改居，则请退可也。夜侍坐，问夜，膳荤，请退可也。

译文

在君子左右侍坐，君子打哈欠、伸懒腰，问时间早晚，告诉从者所食已遍。君子变动跪坐姿势，（看到这些疲倦的表现，）就应提请告退。夜间陪坐，君子问夜的时数，吃荤辛食物，（也就表示他已有倦意，）就应提请告退。

礼记·乐记（节选）

凡音之起，由人心生也。人心之动，物使之然也。感于物而动，故形于声。

译文

音乐的兴起，是由人心生出的。人心的波动，是外物使它波动的。感触于外物而产生波动，所以表现为乐声。

《春秋》三传第六（《国语》附）

题解

　　《春秋》三传，指《春秋左氏传》《春秋公羊传》《春秋穀（gǔ）梁传》。《春秋》传说是孔子根据《鲁春秋》并参考周王室及各诸侯国史官的记载修成，是现存最早的编年史，内容为周王室及各诸侯国的政治、军事活动，以及一些自然现象。《春秋》记事极简短，每条最多不过几十字。《春秋》言简义深，注释《春秋》的书，有左氏、公羊、穀梁三家流传下来，成为《春秋左氏传》《春秋公羊传》《春秋穀梁传》。《春秋左氏传》是一部以《春秋》为纲，并仿照它的体例编成的编年史书，最为重要。汉代以后，学者就凭借这三传来研读《春秋》。

　　本篇先介绍了孔子作《春秋》的故事，点出《春秋》劝惩的特点，再介绍《春秋》是一部信史，以"尊王攘夷"为大义。接下去再集中于劝惩二字，对三传及其同异加以介绍，最后重点突出了《左传》在文笔上的成就。

"春秋"是古代记事史书的通称。古代朝廷大事，多在春、秋二季举行，所以记事的书用这个名字。各国有各国的春秋，但是后世都不传了。传下的只有一部《鲁春秋》,《春秋》成了它的专名，便是《春秋经》了。传说这部《春秋》是孔子作的，至少是他编的。鲁哀公十四年，鲁西有猎

孔子泣麟图

户打着一只从没有见过的独角怪兽，想着定是个不祥的东西，将它扔了。这个新闻传到了孔子那里，他便去看。他一看，就说："这是麟啊。为谁来的呢！干什么来的呢！唉唉！我的道不行了！"说着流下泪来，赶忙将袖子去擦，泪点儿却已滴到衣襟上。[1]原来麟是个仁兽，是个祥瑞的东西：圣帝、明王在位，天下太平，它才会来，不然是不会来的。可是那时代那有圣帝、明王？天下正乱纷纷的，麟来的真不是

---

1 《春秋·哀公十四年》:"春，西狩获麟。"《东周列国志》:"明年，鲁哀公狩于大野，叔孙氏家臣钮（zǔ）商获一兽，麇（jūn）身牛尾，其角有肉，怪而杀之，以问孔子。孔子观之曰：'此麟也！'视其角，赤绂（fú）犹在，识其为颜母昔日所系，叹曰：'吾道其终穷矣！'使弟子埋之。"麒麟降世，无人识晓，却"怪而杀之"，孔子痛惜不已，就此绝笔。

时候，所以让猎户打死；它算是倒了运了。

孔子这时已经年老，也常常觉着生的不是时候，不能行道；他为周朝伤心，也为自己伤心。看了这只死麟，一面同情它，一面也引起自己的无限感慨。他觉着生平说了许多教；当世的人君总不信他，可见空话不能打动人。他发愿修一部《春秋》，要让人从具体的事例里，得到善恶的教训，他相信这样得来的教训，比抽象的议论深切著明的多。他觉得修成了这部《春秋》，虽然不能行道，也算不白活一辈子。这便动起手来，九个月书就成功了。书起于鲁隐公，终于获麟；因获麟有感而作，所以叙到获麟绝笔，是纪念的意思。但是《左传》里所载的《春秋经》，获麟后还有，而且在记了"孔子卒"的哀公十六年后还有：据说那却是他的弟子们续修的了。

开头两段以获麟的故事切入，介绍了孔子作《春秋》的故事，点出《春秋》可以给人以善恶的教训这一价值。

这个故事虽然够感伤的，但我们从种种方面知道，它却不是真的。《春秋》只是鲁国史官的旧文，孔子不曾掺进手去。《春秋》可是一部信史[2]，里面所记的鲁国日食，有三十次和西方科学家所推算的相合，这决不是偶然的。不过书中残缺、零乱和后人增改的地方，都很不少。书起于隐公元

—————————

2　信史，指纪事真实可信的史书。

年，到哀公十四年止，共二百四十二年（西元前七二二—四八一）；后世称这二百四十二年为春秋时代。书中纪事按年月日，这叫作编年。编年在史学上是个大发明；这教历史系统化，并增加了它的确实性。《春秋》是我国现存的第一部编年史。书中虽用鲁国纪元，所记的却是各国的事，所以也是我们第一部通史。[3] 所记的齐桓公、晋文公的霸迹最多；后来说"尊王攘夷"是《春秋》大义[4]，便是从这里着眼。

以上一段集中介绍《春秋》的特点：信史、编年、以"尊王攘夷"为大义。

古代史官记事，有两种目的：一是征实，二是劝惩。[5] 像晋国董狐不怕权势，记"赵盾弑其君"[6]，齐国太史记"崔杼弑其君"[7]，虽杀身不悔，都为的是征实和惩恶，作后世的

3　通史，指不限于一朝一代的史书。

4　尊王攘夷，指尊勤君王、攘斥外夷。大义，指要义、要旨。

5　征实，指记录史实。劝惩，指勉励和惩诫。

6　原注：《左传·宣公二年》。按：《左传·宣公二年》："秋九月乙丑，晋赵盾弑其君夷皋。"晋灵公夷皋残害臣民，大臣赵盾劝谏无果，灵公反派人击杀，赵盾出逃，其族弟赵穿带兵杀死晋灵公。晋国史官董狐以"赵盾弑其君"记载此事。古代卑幼杀死尊长叫弑，也用于指臣子杀死君主。

7　原注：《左传·襄公二十五年》。按：《左传·襄公二十五年》："太史书曰：'崔杼弑其君。'崔子杀之。其弟嗣书，而死者二人。其弟又书，乃舍之。"这里的齐太史记载事件也用了"弑"字，反映了史书的写法和史官"直书"的精神。

鉴戒。但是史文简略，劝惩的意思有时不容易看出来，因此便需要解说的人。《国语》记楚国申叔时论教太子的科目，有"春秋"一项，说"春秋"有奖善、惩恶的作用，可以戒劝太子的心。[8]孔子是第一个开门授徒，拿经典教给平民的人，《鲁春秋》也该是他的一种科目。关于劝惩的所在，他大约有许多口义传给弟子们。[9]他死后，弟子们散在四方，就所能记忆的又教授开去。《左传》《公羊传》《榖梁传》，所谓《春秋》三传里，所引孔子解释和评论的话，大概就是检的这一些。

以上一段从史书记事有征实和劝惩两个目的，说到劝惩的目的有时需要解说，再说到孔子教人时关于劝惩的解说有些就记录在《春秋》三传里，引出《春秋》三传。

三传特别注重《春秋》的劝惩作用；征实与否，倒在其次。按三传的看法，《春秋》大义可以从两方面说：明辨是非，分别善恶，提倡德义，从成败里见教训，这是一；夸扬霸业，推尊周室，亲爱中国，排斥夷狄，实现民族大一统的理想，这是二。前者是人君的明鉴，后者是拨乱反正的程序。这都是王道。而敬天事鬼，也包括在王道里。《春秋》里记灾，表示天罚，记鬼，表示恩仇，也还是劝惩

8　《国语·楚语上》："王卒使傅之。问于申叔时，叔时曰：'教之《春秋》，而为之耸善而抑恶焉，以戒劝其心……'"

9　口义，指口头讲解的经义。

的意思。古代记事的书常夹杂着好多的迷信和理想,《春秋》也不免如此;三传的看法,大体上是对的。但在解释经文的时候,却往往一个字一个字的咬嚼;这一咬嚼,便不顾上下文,穿凿傅会起来了。《公羊》《穀梁》,尤其如此。

这样咬嚼出来的意义就是所谓"书法"[10],所谓"褒贬",也就是所谓"微言"。后世最看重这个。他们说孔子修《春秋》,"笔则笔,削则削"[11],"笔"是书,"削"是不书,都有大道理在内。又说一字之褒,比教你作王公还荣耀,一字之贬,比将你作罪人杀了还耻辱。[12]本来孟子说过,"孔子成《春秋》而乱臣贼子惧"[13],那似乎只指概括的劝惩作用而言。等到褒贬说发展,孟子这句话倒像更坐实了。而孔子和《春秋》的权威也就更大了。后世史家推尊孔子,也推尊《春秋》,承认这种书法是天经地义;但实际上他们却并不照三传所咬嚼出来的那么穿凿傅会的办。这正和后世诗

10 书法,即书写著录的方法,指修史时处理材料、评论史事、褒贬人物的原则、体例。

11 原注:《史记·孔子世家》。按:《史记·孔子世家》:"至于为《春秋》,笔则笔,削则削,子夏之徒不能赞一辞。""笔则笔,削则削"的意思是:应该写的一定写上去,应该删掉的一定删掉。

12 又说,指刘勰《文心雕龙·史传》的说法。《文心雕龙·史传》说孔子根据鲁国的史书编写了《春秋》,列举人物得失以表明称扬或贬斥,验证国家兴亡以显示规劝和警戒,接下去说:"褒见一字,贵逾轩冕;贬在片言,诛深斧钺。"

13 原注:《孟子·滕文公》下。按:引句意为:孔子写成了《春秋》,那些叛乱的奸臣、祸国的贼寇都因此感到害怕。

人尽管推尊《毛诗传笺》里比兴的解释[14]，实际上却不那样穿凿傅会的作诗一样。三传，特别是《公羊传》和《穀梁传》，和《毛诗传笺》，在穿凿解经这件事上是一致的。

以上两段集中叙说三传注重对《春秋》的劝惩作用的阐发，因此往往有穿凿附会的地方。

三传之中，公羊、穀梁两家全以解经为主，左氏却以叙事为主。公、穀以解经为主，所以咬嚼得更利害些。战国末期，专门解释《春秋》的有许多家，公、穀较晚出而仅存。这两家固然有许多彼此相异之处，但渊源似乎是相同的；他们所引别家的解说也有些是一样的。这两种《春秋经传》经过秦火[15]，多有残缺的地方；到汉景帝、武帝时候，才有经师重加整理[16]，传授给人。公羊、穀梁只是家派的名称，仅存姓氏，名字已不可知。至于他们解经的宗旨，已见上文;《春秋》本是儒家传授的经典，解说的人，自然也离不了儒家，在这一点上，三传是大同小异的。

以上一段叙说三传的异同：公羊、穀梁两家以解经为主，左氏以叙事为主；以儒家为宗则是大同小异的。

---

14 《毛诗传笺》，《诗经》研究著作，东汉郑玄撰，郑玄把比兴和美刺相结合，注重揭示诗歌的教化功能。

15 秦火，指秦始皇焚书事。

16 经师，讲授经书的教师。

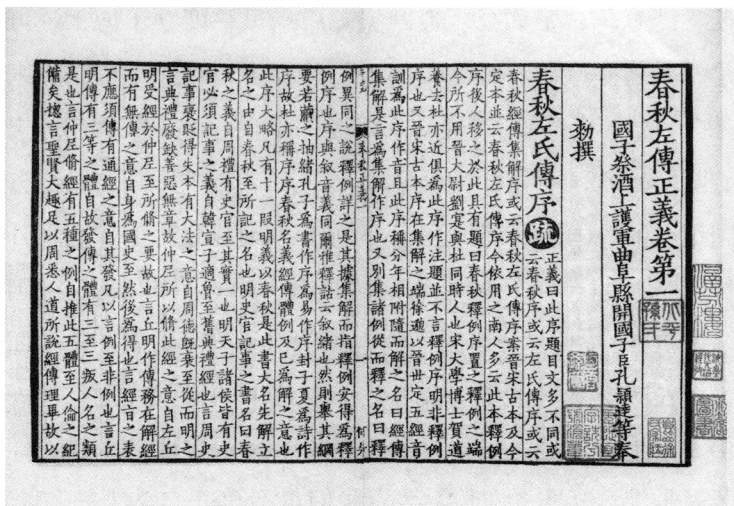

《春秋左传正义》书影

　　《左传》这部书，汉代传为鲁国左丘明所作。这个左丘明，有的说是"鲁君子"，有的说是孔子的朋友；后世又有说是鲁国的史官的。[17]这部书历来讨论的最多。汉时有五经博士。[18]凡解说五经自成一家之学的，都可立为博士。立了博士，便是官学；那派经师便可作官受禄。当时《春秋》立了公、穀二传的博士。《左传》流传得晚些，古文派经师也给它争立博士。今文派却说这部书不得孔子《春

17　原注：《史记·十二诸侯年表序》说是"鲁君子"，《汉书·刘歆传》说"亲见夫子"，"好恶与圣人同"，杜预《春秋序》说是"身为国史"。

18　五经博士，传授儒家经学的学官名，汉武帝时设。汉初，《诗》《书》《礼》《易》《春秋》每经只有一家，每经置一博士，各以家法教授，故称五经博士。

秋》的真传，不如公、穀两家。后来虽一度立了博士，可是不久还是废了。倒是民间传习的渐多，终于大行！原来是公、穀不免空谈，《左传》却是一部仅存的古代编年通史（残缺又少），用处自然大得多。《左传》以外，还有一部分国记载的《国语》，汉代也认为左丘明所作，称为《春秋外传》。[19] 后世学者怀疑这一说的很多。据近人的研究，《国语》重在"语"，记事颇简略，大约出于另一著者的手，而为《左传》著者的重要史料之一。这书的说教，也不外尚德、尊天、敬神、爱民，和《左传》是很相近的。只不知著者是谁。其实《左传》著者我们也不知道。说是左丘明，但矛盾太多，不能教人相信。《左传》成书的时代大概在战国，比公、穀二传早些。

以上一段介绍《左传》的作者以及书的地位浮沉，也介绍了与《春秋》很近而以记"语"为主的《国语》。

《左传》这部书大体依《春秋》而作；参考群籍，详述史事，征引孔子和别的"君子"解经评史的言论，吟味书法，自成一家言。[20] 但迷信卜筮，所记祸福的预言，几乎无不应验；这却大大违背了征实的精神，而和儒家的宗旨也

---

19 《国语》与《左传》在所记时间、事件甚至内容上都多有相近的地方，《汉书》是最早把《国语》称为《春秋外传》的。

20 吟味，体味，体会。书法，指写作的方法。自成一家言，学问自成体系和派别。

不合了。晋范宁作《穀梁传序》说"左氏艳而富，其失也巫"；"艳"是文章美，"富"是材料多，"巫"是多叙鬼神，预言祸福。这是句公平话。注《左传》的，汉人就不少，但那些许多已散失；现存的只有晋杜预注，算是最古了。

杜预作《春秋序》，论到《左传》，说"其文缓，其旨远"，"缓"是委婉，"远"是含蓄。这不但是好史笔，也是好文笔。所以《左传》不但是史学的权威，也是文学的权威。《左传》的文学本领，表现在记述辞令和描写战争上。春秋列国，盟会颇繁，使臣会说话不会说话，不但关系荣辱，并且关系利害，出入很大，所以极重辞令。《左传》所记当时君臣的话，从容委曲，意味深长。只是平心静气的说，紧要关头却不放松一步，真所谓恰到好处。这固然是当时风气如此，但不经《左传》著者的润饰工夫，也决不会那样在纸上活跃的。战争是个复杂的程序，叙得头头是道，已经不易，叙得有声有色，更难；这差不多全靠忙中有闲，透着优游不迫神儿才成。这却正是《左传》著者所擅长的。

最后两段评点《左传》记事以及文笔的特点。记事上材料详细丰富而迷信卜筮，文笔委婉含蓄，尤其在记述辞令和描写战争上，成就颇高。

【**参考资料**】洪业《春秋传引得·序》。

拓展阅读

春秋三传（节选）

【经】二十有三年春，齐侯伐宋，围缗。

【左】二十三年春，齐侯伐宋，围缗，以讨其不与盟于齐也。

【公】邑不言围，此其言围，何？疾重故也。

【穀】伐国不言围邑，此其言围，何也？不正其以恶报恶也。

译文

【经】僖公二十三年春天，齐孝公攻打宋国，包围宋国的缗邑。

【左】用来征讨宋国不参加齐国会盟（僖公十九年，陈穆公"请修好于诸侯"，盟于齐，宋国未参加会盟）。

【公】邑一般不用"围"这种字眼，这里用了"围"，为什么？痛心加重了宋国原来被楚所败的创伤。

【穀】攻伐国家一般不说围邑这样的事，这里说了围邑，为什么呢？认为齐孝公这样以恶报恶是不正义的。

左传（节选）

晋侯赏从亡者，介之推不言禄，禄亦弗及。

推曰："献公之子九人，唯君在矣。惠、怀无亲，外内弃之。天未绝晋，必将有主。主晋祀者，非君而谁？天实置之，而二三子以为己力，不亦诬乎？窃人之财，犹谓之盗，况贪天之功以为己功乎？下义其罪，上赏其奸，上下相蒙，难与处矣！"

其母曰："盍亦求之，以死谁怼？"

对曰："尤而效之，罪又甚焉，且出怨言，不食其食。"

译文

晋文公赏赐跟从他流亡的人，介之推不谈爵禄，爵禄也没有给他。

介之推说："献公之子九人，只有君侯在世了。惠公、怀公不仁无情，内外的人都厌弃他们。上天尚未灭绝晋国，一定会有君主。主持晋国祭祀的人，不是君侯还能是谁？实在是上天立的他，而那几人当作自己的功劳，不是诬骗吗？偷别人的财物，还被称为盗，何况窃取上天的功劳当作自己的功劳呢？下面的人觉得自己有错的行为是对的，上面的人奖赏他们的欺诈，上下相互欺骗，没法和他们相处了。"

他的母亲说："何不也去请求赏赐，就这样死了，怨谁？"

介之推回答说："指责它却效法它，罪过更大，并且我发出过怨言，我不再吃国君的俸禄。"

四书第七

题解

　　"四书"是《大学》《中庸》《论语》《孟子》的合称。《大学》《中庸》是《礼记》中的两篇,《论语》是由孔子弟子及再传弟子记录孔子及其弟子言行的语录集,《孟子》由孟子及其弟子共同编写而成,记录了孟子的言论和政治行为。首次把它们编在一起的是南宋朱熹。朱熹把它们编在一起,剖章析句,加以注释,题称《四书章句集注》,"四书"之名始立。因为它们分别出于早期儒家的四位代表性人物——孔子、曾参、子思、孟子,所以也称为"四子书",我们也可以把"四书"看成"四子书"的简称。朱熹注释的"四书"既融会了前人的学说,又有自己的独特见解,切于世用;又由于以程颢、程颐兄弟和朱熹为代表的"程朱理学"地位日益上升,朱熹死后,他所编定注释的"四书"被朝廷审定为官书,从此盛行起来。到元代,朝廷把科举试题范围限制在朱注"四书"之内,明、清沿袭,"四书"及朱注就成了每个士人的必读书。

本篇先总说"四书"的地位、成形过程、价值、作用，重点解释四种书是如何"贯串"起来的，《大学》《中庸》是朱熹特地从《礼记》中拈出的，所以自然也成了这一分析的主体。接下去对各书分别进行介绍，重点则在《论语》《孟子》上。末尾再介绍朱熹注"四书"的情况，揭示朱熹注"四书"的目的是传承儒家道统，以此收束全篇。

　　"四书五经"到现在还是我们口头上一句熟语。五经是《易》《书》《诗》《礼》《春秋》；四书按照普通的顺序是《大学》《中庸》《论语》《孟子》，前二者又简称《学》《庸》，后二者又简称《论》《孟》；有了简称，可见这些书是用得很熟的。本来呢，从前私塾里，学生入学，是从四书读起的。这是那些时代的小学教科书，而且是统一的标准的小学教科书，因为没有不用的。那时先生不讲解，只让学生背诵，不但得背正文，而且得背朱熹的小注。只要囫囵吞枣的念，囫囵吞枣的背；不懂不要紧，将来用得着，自然会懂的。怎么说将来用得着？那些时候行科举制度。科举是一种竞争的考试制度，考试的主要科目是八股文[1]，

1　八股文，科举考试所用文体之一，由北宋的经义演变到明代发展为一种固定的考试文体，清代沿用，有固定的格式，字数也有基本的规定。明清乡、会试头场试四书五经，均用八股。八股文形式固定，利于考官阅卷，评判标准容易划一，其内容必须按四书五经及官方指定的注疏，"代圣贤立言"，不准应试者发挥己意。光绪二十七年（1901）改革科举，废八股文。

题目都出在四书里，而且是朱注的四书里。科举分几级，考中的得着种种出身或资格，凭着这种资格可以建功立业，也可以升官发财；作好作歹，都得先弄个资格到手。科举几乎是当时读书人唯一的出路。每个学生都先读四书，而且读的是朱注，便是这个缘故。

将朱注四书定为科举用书，是从元仁宗皇庆二年（西元一三一三）起的。规定这四种书，自然因为这些书本身重要，有人人必读的价值；规定朱注，也因为朱注发明书义比旧注好些，切用些。[2]这四种书原来并不在一起，《学》《庸》都在《礼记》里，《论》《孟》是单行的。这些书原来只算是诸子书，朱子原来也只称为"四子"；但《礼记》《论》《孟》在汉代都立过博士，已经都升到经里去了。后来唐代的"九经"里虽然只有《礼记》，宋代的"十三经"却又将《论》《孟》收了进去。[3]《中庸》很早就被人单独注意，汉代已有关于《中庸》的著作，六朝时也有，可惜都不传了。[4]关于《大学》的著作，却直到司马光的《大学通义》才开始，这部书也不传了。这些著作并不曾教《学》《庸》普及，教《学》《庸》和《论》《孟》同样普及的是朱子的注，四书也是他编在一起的，四书的名字也因他而有。

2　发明书义，指阐明书中所包含的意义。切用，切于实用。

3　原注：九经：《易》、《书》、《诗》、三《礼》、《春秋》三传。十三经：《易》、《书》、《诗》、三《礼》、《春秋》三传、《论语》、《孝经》、《尔雅》、《孟子》。

4　原注：《汉书·艺文志》有《中庸说》二篇，《隋书·经籍志》有戴颙《中庸传》二卷，梁武帝《中庸讲疏》一卷。

开头两段总说"四书"是统一的标准的小学教科书，科举的题目都出在"四书"里，以及朱熹对"四书"成形的重要作用。

　　但最初用力提倡这几种书的是程颢、程颐兄弟。[5]他们说："《大学》是孔门的遗书，是初学者入德的门径。只有从这部书里，还可以知道古人做学问的程序。从《论》《孟》里虽也可看出一些，但不如这部书的分明易晓。学者必须从这部书入手，才不会走错了路。"[6]这里没提到《中庸》。可是他们是很推尊《中庸》的。他们在另一处说："'不偏'叫作'中'，'不易'叫作'庸'；'中'是天下的正道，'庸'是天下的定理。《中庸》是孔门传授心法的书，是子思记下来传给孟子的。书中所述的人生哲理，意味深长；会读书的细加玩赏，自然能心领神悟终身受用不尽。"[7]这四种书到

5　程颢、程颐，同为宋明理学的奠基者，世称"二程"。他们的学说被称为"洛学"，对后世有较大影响，南宋朱熹继承和发展了其学说。

6　原注：原文见《大学章句》卷头。按：原文是："子程子曰：'《大学》，孔氏之遗书，而初学入德之门也。于今可见古人为学次第者，独赖此篇之存，而《论》《孟》次之。学者必由是而学焉，则庶乎其不差矣。'"现在一般的理解，程子所说是"《大学》，孔氏之遗书，而初学入德之门也"这一句，余下部分是朱熹所说。庶乎，即庶几乎，指近似、差不多。

7　原注：原文见《中庸章句》卷头。按：原文是："子程子曰：'不偏之谓中，不易之谓庸。中者，天下之正道；庸者，天下之定理。'此篇乃孔门传授心法，子思恐其久而差也，故笔之于书，以授孟子。……其味无穷，皆实学也。善读者玩索而有得焉，则终身用之，有不能尽者矣。"心法，指教学时特别重要的心得与方法。

了朱子手里才打成一片。他接受二程的见解，加以系统的
说明，四种书便贯串起来了。

　　他说，古来有小学大学。小学里教洒扫进退的规矩，
和礼、乐、射、御、书、数，所谓"六艺"的。大学里教
穷理、正心、修己、治人的道理。[8]所教的都切于民生日
用，都是实学。《大学》这部书便是古来大学里教学生的方
法，规模大，节目详；而所谓"格物、致知、诚意、正心、
修身、齐家、治国、平天下"，是循序渐进的。[9]程子说是
"初学者入德的门径"，就是为此。这部书里的道理，并不
是为一时一事说的，是为天下后世说的。这是"垂世立教
的大典"[10]，所以程子举为初学者的第一部书。《论》《孟》虽

8　朱熹《大学章句序》："人生八岁，则自王公以下，至于庶人之子
弟，皆入小学，而教之以洒扫、应对、进退之节，礼、乐、射、御、
书、数之文；及其十有五年，……皆入大学，而教之以穷理、正心、
修己、治人之道。"意为：八岁的孩子，上自王公的子孙，下至老百
姓的子弟，都进入小学学习。小学教学的内容是日常生活、待人接
物的基本礼节、礼仪、音乐、射箭、驾车、识字、计算等基础知识
和基本技能。待孩子长到十五岁，……都进入大学。教学的内容是
穷尽事理、端正本心、修养自身、管理他人的原则和方法。

9　《大学》："古之欲明明德于天下者，先治其国；欲治其国者，先齐
其家；欲齐其家者，先修其身；欲修其身者，先正其心；欲正其心
者，先诚其意；欲诚其意者，先致其知；致知在格物。"

10　原注：原文见《中庸章句》卷头。按：原文实见朱熹《大学或
问》卷一。原文是："是书，垂世立教之大典，通为天下后世而言者
也。"意思是：《大学》这本书是提纲挈领、概括综合的，可以流传后
世，立为教育的规范和准则。垂世立教，指流传后世，立为规范。

然也切实，却是"应机接物的微言"[11]，问的不是一个人，记的也不是一个人。浅深先后，次序既不分明，抑扬可否，用意也不一样，初学者领会较难。所以程子放在第二步。[12]至于《中庸》，是孔门的心法，初学者领会更难，程子所以另论。[13]

但朱子的意思，有了《大学》的提纲挈领，便能领会《论》《孟》里精微的分别去处；融贯了《论》《孟》的旨趣，也便能领会《中庸》里的心法。人有人心和道心；人心是私欲，道心是天理。人该修养道心，克制人心，这是心法。朱子的意思，不领会《中庸》里的心法，是不能从大处着眼，读天下的书，论天下的事的。[14]他所以将《中庸》放在第三步，和《大学》《论》《孟》合为"四书"，作为初学者的基础教本。后来规定四书为科举用书，原也根

————————

11　原注：朱子《大学或问》卷一。按：原文是："《论》《孟》，应机接物之微言。"应机接物，指根据周围的情况，灵活做出决策，快速应对变化。微言，精深微妙的言辞。

12　朱熹《大学或问》卷一："然而问者非一人，记者非一手，或先后浅深之无序，或抑扬进退之不齐，其间盖有非初学日用之所及者。此程子所以先是书（指《大学》）而后《论》《孟》。"

13　朱熹《大学或问》卷一："至于《中庸》，则又圣门传授极致之言，尤非后学之所易得而闻者，故程子之教未遽及之。"

14　朱熹《大学或问》卷一："盖不先乎《大学》，无以提挈纲领而尽《论》《孟》之精微；不参之《论》《孟》，无以融贯会通而极《中庸》之归趣；然不会其极于《中庸》，则又何以建立大本、经纶大经，而读天下之书、论天下之事哉？"

据这番意思。不过朱子教人读四书，为的成人[15]，后来人读四书，却重在猎取功名；这是不合于他提倡的本心的。至于顺序变为《学》《庸》《论》《孟》，那是书贾因为《学》《庸》篇页不多，合为一本的缘故；通行既久，居然约定俗成了。

以上三段从二程的观点说起，阐述了四书的价值、作用，重点对四种书如何"贯串"起来做了解释，即从《大学》入门，因为《大学》是提纲挈领、总论概括的，是"初学者入德的门径"；再领会《论语》《孟子》的精微细致处，因为《论语》《孟子》所说多是一时一事，问的并非一人，记的也并非一人；第三步再领会《中庸》所说的心法，才能建立大本、经纶大经，因为《中庸》是儒家授受中的"极致"之言。

《礼记》里的《大学》，本是一篇东西，朱子给分成经一章，传十章；传是解释经的。因为要使传合经，他又颠倒了原文的次序，并补上一段儿。他注《中庸》时，虽没有这样大的改变，可是所分的章节，也与郑玄注的不同。所以这两部书的注，称为《大学章句》《中庸章句》。《论》《孟》的注，却是融合各家而成，所以称为《论语集注》《孟子集注》。《大学》的经一章，朱子想着是曾子追述孔子的话；传十章，他相信是曾子的意思，由弟子们记下的。

15　成人，这里指使人成为德才兼备的人。

《中庸》的著者，朱子和程子一样，都接受《史记》的记载，认为是子思。[16]但关于书名的解释，他修正了一些。他说，"中"除"不偏"外，还有"无过无不及"的意思；"庸"解作"不易"，不如解作"平常"的好。[17]照近人的研究，《大学》的思想和文字，很有和荀子相同的地方，大概是荀子学派的著作。《中庸》，首尾和中段思想不一贯，从前就有人疑心。照近来的看法，这部书的中段也许是子思原著的一部分，发扬孔子的学说，如"时中""忠恕""知仁勇""五伦"等。[18]首尾呢，怕是另一关于《中庸》的著作，经后人混合起来的；这里发扬的是孟子的天人相通的哲理，所谓"至诚""尽性"，都是的。[19]著者大约是一个孟子学派。

以上一段开始介绍四书单种，重点介绍了《大学》《中庸》，辨析了《中庸》的思想不一贯的地方。

---

16 原注：《孔子世家》。

17 原注：《中庸或问》卷一。

18 "时中"，儒家谓立身行事，当合乎时宜，无过与不及。"忠恕"，儒家的一种道德规范。忠是尽心为人，恕是推己及人。"知仁勇"，《中庸》："知、仁、勇三者，天下之达德也。"意为：智慧、仁爱、英勇这三者是天下的大德行。"五伦"，指古代中国的五种人伦关系和言行准则，即君臣、父子、兄弟、夫妇、朋友五种人伦关系，以忠、孝、悌、忍、善为关系准则。

19 《中庸》："唯天下至诚，为能尽其性；能尽其性，则能尽人之性；能尽人之性，则能尽物之性；能尽物之性，则可以赞天地之化育；可以赞天地之化育，则可以与天地参矣。"孟子认为，人所具有的仁义礼智等德行是一种天性，人性和天性在本质上是相同的。

《论语》是孔子弟子们记的。这部书不但显示一个伟大的人格——孔子，并且让读者学习许多做学问做人的节目：如"君子""仁""忠恕"[20]，如"时习""阙疑""好古""隅反""择善""困学"等[21]，都是可以终身应用的。《孟子》据说是孟子本人和弟子公孙丑、万章等共同编定的。书中说"仁"兼说"义"，分辨"义""利"甚严；而辩"性善"[22]，

20　节目，指事物关键紧要的部分。"君子"在《论语》中出现了百余次，整部《论语》构成了一套有机联系、不断深化的君子养成体系。"仁"在《论语》中出现百余次，"仁"是德性的统称，是孔子所追求的最高人生境界。

21　"时习"，语出《论语·学而》："学而时习之，不亦说乎？"意为：学了便时时加以温习，不是很愉快吗？"阙疑"，语出《论语·为政》："多闻阙疑，慎言其余，则寡尤。"意为：要多听，有不懂的地方则存疑，其余有把握的，也要谨慎地说出来，这样就能少犯错误。"好古"，语出《论语·述而》："我非生而知之者，好古，敏以求之者也。"意为：我并不是生下来就有知识的人，而是喜好古代文化，勤奋敏捷地去求取知识的人。"隅反"，语出《论语·述而》："不愤不启，不悱不发。举一隅不以三隅反，则不复也。"意为：教导学生，不到他冥思苦想仍不得其解的时候，不去开导他；不到他想说却说不出来的时候，不去启发他。给他指出一个方面，如果他不能由此推知其他三个方面，就不再启发了。"择善"，语出《论语·述而》："三人行，必有我师焉。择其善者而从之，其不善者而改之。"意为：多人同行，其中必定有人可以做我的老师。别人的言行举止，必定有值得我学习的地方。选择别人好的学习，看到别人的缺点，反省自身有没有同样的缺点，如果有，加以改正。"困学"，语出《论语·季氏》："生而知之者，上也；学而知之者，次也；困而学之，又其次也；困而不学，民斯为下矣。"意为：生来就知道的人，是上等的；通过学习以后才知道的，是次一等的；遇到困境再去学习的，是又次一等的；遇到困境还不学习的，这种人就是下等的了。

22　性善，是孟子提出的关于人性的论述，孟子认为人性本善，人之为善，是他的本性的表现，人之不为善，是违背其本性的。《孟子·滕文公上》："孟子道性善，言必称尧舜。"

教人求"放心"[23]，影响更大。又说到"养浩然之气"，那"至大至刚""配义与道"的"浩然之气"[24]，这是修养的最高境界，所谓天人相通的哲理。书中攻击杨朱、墨翟两派，辞锋咄咄逼人。[25]这在儒家叫作攻异端[26]，功劳是很大的。孟子生在战国时代，他不免"好辩"，他自己也觉得的[27]；他的话流露着"英气"，"有圭角"[28]，和孔子的温润是不同的。所以儒家只称为"亚圣"，次于孔子一等。[29]《孟子》有东汉的

23　放心，《孟子·告子上》："学问之道无他，求其放心而已矣。"意为：学问之道没有别的，就是把那失去了的本心找回来罢了。

24　原注：《公孙丑》。按：《孟子·公孙丑上》："我知言，我善养吾浩然之气。……其为气也，至大至刚，以直养而无害，则塞于天地之间。其为气也，配义与道；无是，馁也。"意为：我善于分析别人的言语，我善于培养自己的浩然之气。……这种气，极浩大，极有力量，用正直去培养它而不加以伤害，就会充满天地之间。这种气必须与仁义道德相配，否则就会缺乏力量。

25　杨朱、墨翟，是先秦两家影响巨大的学派，杨朱的核心思想有"贵己""为我"等，墨翟的核心思想有"兼爱""尚同"等。《孟子·滕文公下》："杨氏为我，是无君也；墨氏兼爱，是无父也。无父无君，是禽兽也。"这话把杨朱、墨翟斥为禽兽，确实是"咄咄逼人"了。

26　攻异端，语出《论语·为政》："子曰：'攻乎异端，斯害也已。'"意为：攻击那些不正统的异端邪说，异端邪说的祸害就可以消除了。

27　原注：《滕文公》。按：《孟子·滕文公下》："我岂好辩哉？予不得已也。"意思是：我难道是喜欢辩论吗？我只是不得已啊。

28　圭角，指的是棱角，比喻锋芒。圭，一种玉制礼器，长方形，上尖下方。

29　原注：《孟子集注·序说》引程子说。按：《孟子集注·孟子序说》："孟子有些英气。才有英气，便有圭角，英气甚害事，如颜子便浑厚不同，颜子去圣人只毫发间，孟子大贤，亚圣之次也。"大（转下页）

赵岐注。《论语》有孔安国、马融、郑玄诸家注，却都已残佚，只零星的见于魏何晏的《集解》里。汉儒注经，多以训诂名物为重[30]；但《论》《孟》词意显明，所以只解释文句，推阐义理而止。魏、晋以来，玄谈大盛[31]，孔子已经道家化；解《论语》的也多参入玄谈，参入当时的道家哲学。这些后来却都不流行了。到了朱子，给《论》《孟》作注，虽说融会各家，其实也用他自己的哲学作架子。他注《学》《庸》，更显然如此。他的哲学切于世用，所以一般人接受了，将他解释的孔子当作真的孔子。

以上一段介绍了《论语》在做人方面和做学问方面的关键贡献，做人方面如"君子""仁""恕"，做学问方面如"时习""阙疑""好古""隅反""择善""困学"等。再介绍《孟子》的内容和贡献，着重于"性善""求放心""养浩然之气"，肯定孟子"攻异端"的价值，及由此引起的"好辩""英气""有圭角"的特点，孟子被视为次于孔子而称"亚圣"，也与此有关。其后介绍了《论语》《孟子》在朱熹以前的注释情况。

（接上页）意是：孟子有英气，便有圭角，这是有害的，和颜回的浑厚相比就有所不同，颜回离圣人只有毫发的差距，而孟子才能超群，是低于圣人一等的"亚圣"级别的人物。

30　训诂，解释古书中字句的意义。名物，解释事物得名的由来及内涵。

31　玄谈，指汉魏以来以老庄之道和《周易》为依据而辨析名理的谈论。

他那一套"四书"注实在用尽了平生的力量，改定至再至三；直到临死的时候，他还在改定《大学·诚意》章的注。注以外又作了《四书或问》，发扬注义，并论述对于旧说的或取或舍的理由。[32] 他在四书上这样下功夫，一面固然为了诱导初学者，一面还有一个用意，便是排斥老、佛，建立道统。[33] 他在《中庸章句序》里论到诸圣道统的传承，末尾自谦说，"于道统之传，不敢妄议"；其实他是隐隐在以传道统自期呢。[34]《中庸》传授心法，正是道统的根本。将它加在《大学》《论》《孟》之后而成"四书"，朱子自己虽然说是给初学者打基础，但一大半恐怕还是为了建立道统，不过他自己不好说出罢了。他注"四书"在宋孝宗淳熙年间（西元一一七四——一一八九）。他死后朝廷将他的"四书"注审定为官书，从此盛行起来。他果然成了传儒家道统的大师了。

　　最后一段继续介绍朱熹注《四书》的情况，揭示其目的是传承儒家道统。

32　《中庸章句序》："记所尝论辩取舍之意，别为《或问》，以附其后。"

33　道统，指儒家学术思想承续、传授的统系。

34　《中庸章句序》："虽于道统之传，不敢妄议，然初学之士，或有取焉，则亦庶乎行远升高之一助云尔。"

拓展阅读

论语·学而（节选）

> 子曰："学而时习之，不亦说乎？有朋自远方来，不亦乐乎？人不知而不愠，不亦君子乎？"

译文

孔子说："学了便时时加以温习，不是很愉快吗？有朋友从远方来，不是很快乐吗？人家不了解我，我却不怨恨，不也正是君子吗？"

> 有子曰："其为人也孝弟，而好犯上者，鲜矣；不好犯上，而好作乱者，未之有也。君子务本，本立而道生。孝弟也者，其为仁之本与！"

译文

有子说："一个人孝顺父母、敬爱兄长，却喜欢触犯在上位者，这样的人是极少的；不喜欢触犯在上位者却喜欢造反，这种人从来没有过。君子专心致力于根本，根本树立了，'道'就会产生。孝顺父母、敬爱兄长，这就是

'仁'的根本吧！"

> 子曰："巧言令色，鲜矣仁！"

译文

孔子说："花言巧语，谄媚的脸色，这样的人'仁德'很少！"

孟子集注·滕文公章句下（节选）

> 居天下之广居，立天下之正位，行天下之大道。得志与民由之，不得志独行其道。富贵不能淫，贫贱不能移，威武不能屈。此之谓大丈夫。

译文

居于"仁"这个天下最宽广的居所里，立于"礼"这个天下最正确的位置上，行于"义"这个天下最光明的大道上。得志，与百姓一同遵循正道；不得志，自己走自己的正道。富贵不能扰乱心志，贫贱不能改变气节，威武不能挫伤人格，这才称得上大丈夫。

【集注】广居，仁也。正位，礼也。大道，义也。与民由之，推其所得于人也；独行其道，守其所得于己也。淫，荡其心也。移，变其节也。屈，挫其志也。

大学章句（节选）

大学之道，在明明德，在亲民，在止于至善。

译文

大学里所讲的圣王之道，在于使人们本来具备的光明的德性变得明亮畅达，在于使百姓有新发展，在于使人们达到最完善的道德境界。

【章句】程子曰："亲，当作新。"〇大学者，大人之学也。明，明之也。明德者，人之所得乎天，而虚灵不昧，以具众理而应万事者也。但为气禀所拘，人欲所蔽，则有时而昏；然其本体之明，则有未尝息者。故学者当因其所发而遂明之，以复其初也。新者，革其旧之谓也，言既自明其明德，又当推以及人，使之亦有以去其旧染之污也。止者，必至于是而不迁之意。至善，则事理当然之极也。言明明德、新民，皆当至于至善之地而不迁。盖必其有以尽夫天理之极，而无一毫人欲之私也。此三者，大学之纲领也。

中庸（节选）

天命之谓性，率性之谓道，修道之谓教。道也者，不可须臾离也；可离，非道也。

译文

上天给予人的禀赋叫作"性"，遵循本性去做叫作"道"，把道加以修明并推广于民众叫作"教"。道这个东西，是人们片刻无法离开的；如果可以离开，那就不是道。

《战国策》第八

题解

　　西汉末年，光禄大夫刘向在皇家图书馆奉诏校书，见有许多纵横家说辞的记录，内容庞杂，体例不一，便加以整理编次，汇编成书。其内容主要是战国游说之士向所用之国提出的策谋，于是命名为"战国策"。现在通行的《战国策》由南宋初姚宏据曾巩整理及高诱残注重加校定，共三十三篇，计东周、西周各一篇，秦五篇，齐六篇，楚、赵、魏各四篇，韩、燕各三篇，宋、卫合为一篇，中山一篇。战国二百多年的历史，颇赖《战国策》得以保存。《战国策》刻画人物栩栩如生，揣摩心理微妙婉转，行文恣肆雄浑，曲折扬厉，气势磅礴，波澜起伏，对后世文学影响深远。1973年湖南长沙马王堆出土的西汉帛书，记述了战国时事及策谋，被命名为《战国纵横家书》，与《战国策》多有交集，颇相类似。

　　本篇从春秋末年的历史形势写起，写到战国连横合纵，归结于苏秦、张仪两个说士代表，对他们"权谋"的职业本质加以揭示。接着对《战国策》文辞加以解说，最后点明《战国策》的记事价值。

春秋末年，列国大臣的势力渐渐膨胀起来。这些大臣都是世袭的，他们一代一代聚财养众，明争暗夺了君主的权力，建立起自己的特殊地位。等到机会成熟，便跳起来打倒君主自己干。那时候各国差不多都起了内乱。晋国让韩、魏、赵三家分了，姓姜的齐国也让姓田的大夫占了。这些，周天子只得承认了。这是封建制度崩坏的开始。那时候周室也经过了内乱，土地大半让邻国抢去，剩下的又分为东、西周；东、西周各有君王，彼此还争争吵吵的。这两位君王早已失去春秋时代"共主"的地位，而和列国诸侯相等了。后来列国纷纷称王，周室更不算回事；他们至多能和宋、鲁等小国君主等量齐观罢了。

秦、楚两国也经过内乱，可是站住了。它们本是边远的国家，却渐渐伸张势力到中原来。内乱平后，大加整顿，努力图强，声威便更广了。还有极北的燕国，向来和中原国家少来往；这时候也有力量向南参加国际政治了。秦、楚、燕和新兴的韩、魏、赵、齐，是那时代的大国，称为"七雄"。那些小国呢，从前可以仰仗霸主的保护，作大国的附庸；现在可不成了，只好让人家吞的吞，并的并，算只留下宋、鲁等两三国，给七雄当缓冲地带。封建制度既然在崩坏中，七雄便各成一单位，各自争存，各自争强；国际政局比春秋时代紧张多了。战争也比从前严重多了。列国都在自己边界上修起长城来。这时候军器进步了，从前的兵器都用铜打成，现在有用铁打成的了。战术也进步了。攻守的方法都比从前精明，从前只用兵车和步卒，现在却发展了骑兵了。这时候还有以帮人家作战为职业的人。这时候的战争，杀伤是很多的。孟子说："争地以战，杀人盈野；争城以战，杀人盈城。"[1]可见那凶惨的情形。后人因此称这时代为战国时代。

在长期混乱之后，贵族有的作了国君，有的渐渐衰灭。这个阶级算是随着封建制度崩坏了。那时候的国君，没有了世袭的大臣，便集权专制起来。辅助他们的是一些出身贵贱不同的士人。那时候君主和大臣都竭力招揽有技能的人，甚至学鸡鸣、学狗盗的也都收留着。[2]这是所谓"好客""好士"的风气。其中最高的是说客，是游说之士。当时国际关系紧张，战争随时可起。战争到底是劳民伤财的，况且难得有把握；重要的还是作外交的工夫。外交办得好，只凭口舌

1　原注：《离娄》。按：引句意为：为争夺土地而发动战争，被杀死的人布满原野；为争夺城池而发动战争，被杀死的人布满城中。

2　出自《史记·孟尝君列传》："孟尝君客无所择，皆善遇之。……孟尝君患之，遍问客，莫能对。最下坐有能为狗盗者，……客之居下坐者有能为鸡鸣……"这个故事说的是孟尝君收留门客不加取择，都优善对待，后来孟尝君碰上危险，在能装狗行盗和模仿鸡叫的两位门客的帮助下才得以脱离危险，返回齐国。

排难解纷，可以免去战祸；就是不得不战，也可以多找一些与国[3]，一些帮手。担负这种外交的人，便是那些策士，那些游说之士。游说之士既然这般重要，所以立谈可以取卿相；只要有计谋，会辩说就成，出身的贵贱倒是不在乎的。

开头两段叙述了从春秋末年到战国时期七雄并立的历史形势：封建制度崩坏，周室失去天下共主的地位，各国纷争，出现以帮助作战为职业的人。第三段引出国君和大臣招揽有技能的人，点出其中地位最高的"游说之士"即"说客""策士"。

七雄中的秦，从孝公用商鞅变法以后，日渐强盛。到后来成了与六国对峙的局势。这时候的游说之士，有的劝六国联合起来抗秦，有的劝六国联合起来亲秦。前一派叫"合纵"，是联合南北各国的意思，后一派叫"连横"，是联合东西各国的意思——只有秦是西方的国家。合纵派的代表是苏秦，连横派的是张仪，他们可以代表所有的战国游说之士。后世提到游说的策士，总想到这两个人，提到纵横家，也总是想到这两个人。他们都是鬼谷先生的弟子。苏秦起初也是连横派。他游说秦惠王，秦惠王老不理他；穷得要死，只好回家。妻子、嫂嫂、父母，都瞧不起他。他恨极了，用心读书，用心揣摩；夜里倦了要睡，用锥子扎大腿，血流到脚上。这样整一年，他想着成了，便

3　与国，指盟国友邦。

出来游说六国合纵。这回他果然成功了，佩了六国相印，又有势又有钱。打家里过的时候，父母郊迎三十里，妻子低头，嫂嫂爬在地下谢罪。他叹道："人生世上，势位富贵，真是少不得的！"⁴张仪和楚相喝酒。楚相丢了一块璧。手下人说张仪穷而无行，一定是他偷的，绑起来打了几百下。张仪始终不认，只好放了他。回家，他妻子说："唉，要不是读书游说，那会受这场气！"他不理，只说："看我舌头还在罢？"妻子笑道："舌头是在的。"他说："那就成！"⁵后来果然作了秦国的相；苏秦死后，他也大大得意了一番。

以上一段由秦与六国对峙的形势说到"合纵"与"连横"，进而说到苏秦和张仪，这两人可以看作战国所有游说之士的代表。

---

4 《战国策·秦策》："（苏秦）说秦王书十上而说不行，黑貂之裘弊，黄金百斤尽，资用乏绝，去秦而归。……归至家，妻不下纴（rèn），嫂不为炊，父母不与言。苏秦喟然叹曰：'妻不以我为夫，嫂不以我为叔，父母不以我为子，是皆秦之罪也。'乃夜发书，陈箧数十，得《太公阴符》之谋，伏而诵之，简练以为揣摩。读书欲睡，引锥自刺其股，血流至足。曰：'安有说人主，不能出其金玉锦绣、取卿相之尊者乎？'……将说楚王，路过洛阳。父母闻之，清宫除道，张乐设饮，郊迎三十里。妻侧目而视，倾耳而听。嫂蛇行匍伏，四拜自跪而谢。……苏秦曰：'嗟乎！贫穷则父母不子，富贵则亲戚畏惧。人生世上，势位富贵，盖可忽乎哉？'"

5 《史记·张仪列传》："张仪已学而游说诸侯。尝从楚相饮，已而楚相亡璧，门下意张仪，曰：'仪贫无行，必此盗相君之璧。'共执张仪，掠笞数百，不服，释之。其妻曰：'嘻！子毋读书游说，安得此辱乎？'张仪谓其妻曰：'视吾舌尚在不？'其妻笑曰：'舌在也。'仪曰：'足矣。'"

苏秦使锥子扎腿的时候，自己发狠道："那有游说人主不能得金玉锦绣，不能取卿相之尊的道理！"这正是战国策士的心思。他们凭他们的智谋和辩才，给人家画策，办外交；谁用他们就帮谁。他们是职业的，所图的是自己的功名富贵；帮你的时候帮你，不帮的时候也许害你。翻覆，在他们看来是没有什么的。本来呢，当时七雄分立，没有共主，没有盟主，各干各的，谁胜谁得势。国际间没有是非，爱帮谁就帮谁，反正都一样。苏秦说连横不成，就改说合纵，在策士看来，这正是当然。张仪说舌头在就行，说是说非，只要会说，这也正是职业的态度。他们自己没有理想，没有主张，只求揣摩主上的心理，拐弯儿抹角投其所好。这需要技巧；韩非子《说难》篇专论这个。说得好固然可以取"金玉锦绣"和"卿相之尊"，说得不好也会招杀身之祸，利害所关如此之大，苏秦费一整年研究揣摩不算多。当时各国所重的是威势，策士所说原不外战争和诈谋；但要因人、因地进言，广博的知识和微妙的机智都是不可少的。

　　以上一段讲述说士的特点：凭智谋和辩才，为人出谋划策，不论是非。由此推进到说辞的特点——因人、因地、因时、因势，投其所好，所以要求说士具备广博的知识和微妙的机智。

　　记载那些说辞的书叫《战国策》，是汉代刘向编定

的，书名也是他提议的。[6]但在他以前，汉初著名的说客
蒯（kuǎi）通，大约已经加以整理和润饰，所以各篇如出
一手。《汉书》本传里记着他"论战国时说士权变，亦自序
其说，凡八十一篇，号曰《隽永》"，大约就是刘向所根据
的底本了。[7]蒯通那支笔是很有力量的。铺陈的伟丽，叱咤
的雄豪，固然传达出来了；而那些曲折微妙的声口，也丝
丝入扣，千载如生。读这部书，真是如闻其语，如见其人。
汉以来批评这部书的都用儒家的眼光。刘向的序里说战国
时代"捐礼让而贵战争，弃仁义而用诈谲，苟以取强而已
矣"[8]，可以代表。但他又说这些是"高才秀士"的"奇策异
智"，"亦可喜，皆可观"[9]。这便是文辞的作用了。宋代有个
李文叔，也说这部书所记载的事"浅陋不足道"，但"人读
之，则必乡其说之工，而忘其事之陋者，文辞之胜移之而
已"。又道，说的还不算难，记的才真难得呢。[10]这部书除

6　刘向认为这些内容是"战国时游士辅所用之国，为之策谋"，即
战国游说之士辅佐任用他们的国家，为之出谋划策，所以应该命名
为"战国策"。见刘向《战国策书录》。

7　原注：罗根泽《战国策作于蒯通考》及《补证》(《古史辨》第四
册)。按：《汉书》引句意为：(蒯通)论述战国时候游说之士随机应
变的言行，自己写了序言来阐说，共八十一篇，称为《隽永》。

8　出自刘向《战国策书录》，意思是：抛开了礼让而推崇战争，放
弃了仁义而任用谲诈，只是为了变得强盛而已。

9　出自刘向《战国策书录》。

10　原注：李格非《书战国策后》。按：李格非，字文叔，北宋人，
李清照之父。李格非所说的意思是：人们读《战国策》，就（转下页）

文辞之胜外，所记的事，上接春秋时代，下至楚、汉兴起为止，共二百零二年（西元前四〇三—二〇二），也是一部重要的古史。所谓战国时代，便指这里的二百零二年；而战国的名称也是刘向在这部书的序里定出的。

最后一段收束于《战国策》一书：《战国策》是记载战国说辞的书，文辞铺陈伟丽、栩栩如生。从历史角度看，《战国策》是一部重要的史籍。

【参考资料】雷海宗《中国通史选读》第二册（清华大学讲义排印本）。

拓展阅读

战国策·齐策三·孟尝君将入秦（节选）

孟尝君将入秦，止者千数而弗听。苏秦欲止之，

（接上页）必然向往它文辞工丽，而忘了它记事简陋，这是因为文辞工丽转移了人们的注意力罢了。乡，通"向"，偏向，偏爱。另一句的原文是："虽辩士抵掌而论之，犹恐不白，今寓之文字，不过一二，言语未必及，而意已隐然见乎其中矣！由是言之，则为是说者非难，而载是说者为不易得也。"大意是说：辩士当面讨论尚且说不明白，现在写成文字，却能一两句话就写出隐情，这样说来，辩说并不难，能把那些辩说写成这样的文字才是不容易做到的。李格非这是赞美了《战国策》记言的曲折微妙。

孟尝曰："人事者，吾已尽知之矣；吾所未闻者，独鬼事耳。"苏秦曰："臣之来也，固不敢言人事也，固且以鬼事见君。"

孟尝君见之。谓孟尝君曰："今者臣来，过于淄上，有土偶人与桃梗相与语。桃梗谓土偶人曰：'子，西岸之土也，埏子以为人，至岁八月，降雨下，淄水至，则汝残矣。'土偶曰：'不然。吾西岸之土也，土则复西岸耳。今子，东国之桃梗也，刻削子以为人，降雨下，淄水至，流子而去，则子漂漂者将何如耳。'今秦，四塞之国，譬若虎口，而君入之，则臣不知君所出矣。"孟尝君乃止。

译文

孟尝君将进入秦国，劝阻他的人数以千计，但他不听。苏秦想劝阻他，孟尝君说："关于人的事情，我已经都知道了；我没有听过的，只有鬼的事情了。"苏秦说："我这次来，本来就没想谈人的事情，本来就打算拜见您并与您谈谈鬼神之事。"

孟尝君接见了他。苏秦对孟尝君说："这次我来齐国，路经淄水，有一个土偶和桃人交谈。桃人对土偶说：'你是西岸的泥土，被捏制成人，到八月，天降大雨，淄水冲来，你就会被大水冲得残缺不全了。'土偶说：'不对。我本就是西岸的泥土，即使我被水冲坏，也不过回到西岸而已。你是东方的桃木，雕刻成人的样子，天降大雨，淄水冲到，把你冲走，到那时你漂漂荡荡还不知去往哪里呢。'现在那秦国四境皆有天险，就像虎口一样，您进去了，我不知道您能从哪里出来。"孟尝君便不去了。

战国策书录（节选）

战国之时，君德浅薄，为之谋策者，不得不因势而为资，据时而为画，故其谋扶急持倾，为一切之权。虽不可以临国教化，兵革，救急之势也。皆高才秀士，度时君之所能行，出奇策异智，转危为安，运亡为存，亦可喜，皆可观。

译文

战国时期，国君德能浅薄，为之出谋划策的人，不得不依据形势来襄助，依据天时来谋划，所以他们的策谋能够挽回颠危的局面，是一时权宜的方法。虽然不能用这些方法来治理国家、教化百姓，不过，兵革，也是解救紧急情况的一种办法。这些都是富有才学的杰出人才，揣度当时君主所能做的，为他们进献奇特卓绝的策略与智慧，逢凶化吉，在危亡的局势中谋得生机，这些做法也让人欣赏，都还值得一看。

《史记》《汉书》第九

题解

  《史记》是我国第一部纪传体通史。司马迁为太史令，利用传世典籍和皇家藏书，多年实地搜求考察，更加上他父亲司马谈的积累，以毕生精力创作了《史记》。《史记》含十二本纪、三十世家、七十列传、十表、八书。本纪以述帝王，按年月记各时期大事，形式近于编年。表是大事年表，按年代时期用表格梳理史事，理清脉络。书专门记录典章制度的兴废沿革。世家记载诸侯勋贵的事迹。列传记载各种历史人物以及少数民族、邻近国家和各行业的事迹，列传的最后一篇是《太史公自序》。作为史学巨著，《史记》影响深远，奠定了后世正史的基本体例。《史记》也是一部优秀的文学著作，被鲁迅誉为"史家之绝唱，无韵之《离骚》"。

  《汉书》是我国第一部纪传体断代史。《汉书》共一百篇，包括十二纪、八表、十志、七十传，后人析为一百二十卷。与《史记》相比，《汉书》为断代史，"本纪"省称"纪"，"书"改称"志"，"列传"简称"传"，取消

"世家"并入"传"，这些体例大多被后世正史继承。书中保存的西汉史料比较丰富。所记汉武帝中期以前历史虽多移自《史记》，但内容亦有增补。八表中的《古今人表》和《百官公卿表》为《汉书》首创，颇具特色。十志规模宏大，内容充实，其中《食货志》《地理志》《艺文志》《刑法志》尤为研究汉史者所重视。

说起中国的史书《史记》《汉书》，真是无人不知，无人不晓。这有两个原因。一则这两部书是最早的有系统的历史，再早虽然还有《尚书》《鲁春秋》《国语》《春秋左氏传》《战国策》等，但《尚书》《国语》《战国策》，都是记言的史，不是记事的史。《春秋》和《左传》是记事的史了，可是《春秋》太简短，《左氏传》虽够铺排的，而跟着《春秋》编年的系统，所记的事还不免散碎。《史记》创了"纪传体"，叙事自黄帝以来到著者当世，就是汉武帝的时候，首尾三千多年。《汉书》采用了《史记》的体制，却以汉事为断，从高祖到王莽，只二百三十年。后来的史书全用《汉书》的体制，断代成书；二十四史里，《史记》《汉书》以外的二十二史都如此。这称为"正史"。《史记》《汉书》，可以说都是"正史"的源头。二则，这两部书都成了文学的古典；两书有许多相同处，虽然也有许多相异处。大概东汉、魏、晋到唐，喜欢《汉书》的多，唐以后喜欢

《史记》的多，而明、清两代尤然。这是两书文体[1]各有所胜的缘故。但历来班、马并称，《史》《汉》连举，它们叙事写人的技术，毕竟是大同的。

开头一段先合说《史记》《汉书》无人不知、无人不晓的两个原因：一则都是正史的源头，二则同为文学的古典。再点出两书在历史上境遇不同，因为文章风格各有胜处，而两者并称，因为叙事写人的技巧方法是相似的。

《史记》，汉司马迁著。司马迁字子长，左冯翊夏阳（今陕西韩城）人，（景帝中元五年——西元前一四五——生，卒年不详。）他是太史令[2]司马谈的儿子。小时候在本乡只帮人家耕耕田、放放牛玩儿。司马谈作了太史令，才将他带到京师（今西安）读书。他十岁的时候，便认识"古文"[3]的书了。二十岁以后，到处游历，真是足迹遍天下。他东边到过现在的河北、山东及江、浙沿海，南边到过湖南、江西、云南、贵州，西边到过陕、甘、西康等处，北边到过长城等处；当时的"大汉帝国"，除了朝鲜、河西（今宁夏一带）、岭南几个新开郡外，他都走到了。他的出游，相传是父亲命他搜求史料去的；但也有些处是因公去

---

1 文体，指文章的风格。

2 太史令，官职名，掌管天文历算等，也称太史。

3 古文，上古的文字，泛指秦以前留传下来的篆文体系的汉字，如甲骨文、金文、籀文。

的。他搜得了多少写的史料，没有明文⁴，不能知道。可是他却看到了好些古代的遗迹，听到了好些古代的轶闻；这些都是活史料，他用来印证并补充他所读的书。他作《史记》，叙述和描写往往特别亲切有味，便是为此。他的游历不但增扩了他的见闻，也增扩了他的胸襟；他能够综括三千多年的事，写成一部大书，而行文又极其抑扬变化之致，可见出他的胸襟是如何的阔大。

以上一段介绍司马迁，重点介绍了司马迁的游历及游历对于其写作《史记》的价值：增扩了见闻，增扩了胸襟。

他二十几岁的时候，应试得高第，作了郎中⁵。武帝元封元年（西元前一一〇），大行封禅⁶典礼，步骑十八万，旌旗千余里。司马谈是史官，本该从行；但是病得很重，留在洛阳不能去。司马迁却跟去了。回来见父亲，父亲已经快死了，拉着他的手呜咽着道："我们先人从虞⁷、夏以来，世代作史官；周末弃职他去，从此我家便衰微了。我虽然

4　明文，明确的文字记载。

5　郎中，官职名，始于战国，秦、汉沿置，职责为护卫、陪从，随时建议，备顾问及差遣。

6　封禅，古代帝王祭天地的大典。在泰山上筑土为坛，报天之功，称封；在泰山下的梁父山辟场祭地，报地之德，称禅。

7　虞，传说中夏朝之前虞舜所统治的时期，由虞舜接受唐尧禅位后所建。虞舜，姚姓，名重华，出身于有虞氏部落，故而所建朝代便被称为"虞朝"。

恢复了世传的职务，可是不成；你看这回封禅大典，我竟不能从行，真是命该如此！再说孔子因为眼见王道缺，礼乐衰，才整理文献，论《诗》《书》，作《春秋》，他的功绩是不朽的。孔子到现在又四百多年了，各国只管争战，史籍都散失了，这得搜求整理；汉朝一统天下，明主、贤君、忠臣、死义之士[8]，也得记载表彰。我作了太史令，却没能尽职，无所论著，真是惶恐万分。你若能继承先业，再作太史令，成就我的未竟之志，扬名于后世，那就是大孝了。你想着我的话罢。"[9]司马迁听了父亲这番遗命，低头流泪答道："儿子虽然不肖，定当将你老人家所搜集的材料，小心整理起来，不敢有所遗失。"[10]司马谈便在这年死了；司马迁这年三十六岁。父亲的遗命指示了他一条伟大的路。

以上一段主要叙述司马谈对司马迁的遗嘱，也在一定程度上交

8　死义之士，指为道义而死的士人。

9　原注：原文见《史记·自序》。

10　原注：原文见《史记·自序》。按：司马迁《史记·自序》："是岁天子始建汉家之封，而太史公留滞周南，不得与从事，故发愤且卒。而子迁适使反，见父于河洛之间。太史公执迁手而泣曰：'余先周室之太史也。自上世尝显功名于虞夏，典天官事。后世中衰，绝于予乎？汝复为太史，则续吾祖矣。今天子接千岁之统，封泰山，而余不得从行，是命也夫，命也夫！余死，汝必为太史；为太史，无忘吾所欲论著矣。……孔子修旧起废，论《诗》《书》，作《春秋》，则学者至今则之。自获麟以来四百有余岁，而诸侯相兼，史记放绝。今汉兴，海内一统，明主贤君忠臣死义之士，余为太史而弗论载，废天下之史文，余甚惧焉，汝其念哉！'迁俯首流涕曰：'小子不敏，请悉论先人所次旧闻，弗敢阙。'"

代了《史记》写作的价值追求：搜求整理史事，记载表彰忠贤。

父亲死的第三年，司马迁果然作了太史令。他有机会看到许多史籍和别的藏书，便开始作整理的工夫。那时史料都集中在太史令手里，特别是汉代各地方行政报告，他那里都有。他一面整理史料，一面却忙着改历的工作；直到太初元年（西元前一〇四），太初历完成，才动手著他的书。[11]天汉二年（西元前九九），李陵奉了贰师将军李广利的命，领了五千兵，出塞打匈奴。匈奴八万人围着他们；他们杀伤了匈奴一万多，可是自己的人也死了一大半。箭完了，又没吃的，耗了八天，等贰师将军派救兵。救兵竟没有影子。匈奴却派人来招降。李陵想着回去也没有脸，就降了。武帝听了这个消息，又急又气。朝廷里纷纷说李陵的坏话。武帝问司马迁，李陵到底是个怎样的人。李陵也作过郎中，和司马迁同过事，司马迁是知道他的。

他说李陵这个人秉性忠义，常想牺牲自己，报效国家。这回以少敌众，兵尽路穷，但还杀伤那么些人，功劳其实也不算小。他决不是怕死的人，他的降大概是假意的，也许在等机会给汉朝出力呢。武帝听了他的话，想着贰师将军是自己派的元帅，司马迁却将功劳归在投降的李陵身

---

11 汉武帝太初元年进行了历法改革。此前的古历法大多以十月为岁首，此次改历将岁首由十月改为正月。司马迁作为太史令，掌管天文历法，也参与了此次历法改革。

上，真是大不敬；便教将他抓起来，下在狱里。第二年，武帝杀了李陵全家，处司马迁宫刑。[12]宫刑是个大辱，污及先人，见笑亲友。他灰心失望已极，只能发愤努力，在狱中专心致志写他的书，希图留个后世名。过了两年，武帝改元太始，大赦天下。他出了狱，不久却又作了宦者作的官，中书令[13]，重被宠信。但他还继续写他的书。直到征和二年（西元前九一），全书才得完成，共一百三十篇，五十二万六千五百字。他死后，这部书部分的流传；到宣帝时，他的外孙杨恽才将全书献上朝廷去，并传写公行于世。汉人称为《太史公书》《太史公》《太史公记》《太史记》。魏、晋间才简称为《史记》，《史记》便成了定名。这部书流传时颇有缺佚，经后人补续改窜了不少；只有元帝、成帝间褚少孙补的有主名[14]，其余都不容易考了。

　　以上两段叙述司马迁写作《史记》的过程，着重叙述李陵事件中司马迁的遭遇，强调了其"发愤著书"的背景条件。

12　李陵事件见《汉书·李广苏建传》，与司马迁相关的内容是："群臣皆罪陵，上以问太史令司马迁，迁盛言：'陵事亲孝，与士信，常奋不顾身以殉国家之急。其素所畜积也，有国士之风。……身虽陷败，然其所摧败亦足暴于天下。彼之不死，宜欲得当以报汉也。'……上以迁诬罔，欲沮贰师，为陵游说，下迁腐刑。"《汉书》所记，是依据司马迁《报任安书》的内容。腐刑，也就是宫刑，古代阉割生殖器的一种酷刑。

13　中书令，古代官名，汉武帝时以宦官担任，掌管传宣诏命等事。

14　主名，当事者的姓名，这里指作者名。

司马迁是窃比孔子的。孔子是在周末官守[15]散失时代第一个保存文献的人；司马迁是秦火以后第一个保存文献的人。他们保存的方法不同，但是用心一样。《史记·自序》里记着司马迁和上大夫壶遂讨论作史的一番话。司马迁引述他的父亲称扬孔子整理六经的丰功伟业，而特别着重《春秋》的著作。他们父子都是相信孔子作《春秋》的。他又引董仲舒所述孔子的话："我有种种觉民救世的理想，凭空发议论，恐怕人不理会；不如借历史上现成的事实来表现，可以深切著明些。"[16]这便是孔子作《春秋》的趣旨；他是要明王道，辨人事，分明是非、善恶、贤不肖，存亡继绝[17]，补敝起废，作后世君臣龟鉴[18]。《春秋》实在是礼义的大宗，司马迁相信礼治是胜于法治的。他相信《春秋》包罗万象，采善贬恶，并非以刺讥为主。[19]像他父亲遗命所说

15　官守，指官方所守，即官方所藏守的文献典籍。

16　原注：原文见《史记·自序》。按：孔子原话是："我欲载之空言，不如见之于行事之深切著明也。"

17　存亡继绝，出自《史记·自序》中的"存亡国，继绝世"，意思是使已经消失灭绝的国家和时代存续下去。

18　龟鉴，龟甲和镜子。龟甲可占卜吉凶，镜子可照见美丑，比喻警戒和反省。

19　以上内容的原文见司马迁《史记·自序》："上大夫壶遂曰：'昔孔子何为而作《春秋》哉？'太史公曰：'余闻董生曰：周道衰废，孔子为鲁司寇，诸侯害之，大夫壅之。孔子知言之不用，道之不行也，是非二百四十二年之中，以为天下仪表，贬天子，退诸侯，讨大夫，以达王事而已矣。子曰：我欲载之空言，不如见之于行事（转下页）

的，汉兴以来，人主明圣盛德，和功臣、世家、贤大夫之业，是他父子职守所在，正该记载表彰。他的书记汉事较详，固然是史料多，也是他意主尊汉的缘故。他排斥暴秦，要将汉远承三代。这正和今文家[20]说的《春秋》尊鲁一样，他的书实在是窃比《春秋》的。他虽自称只是"厥协六经异传，整齐百家杂语"[21]，述而不作[22]，不敢与《春秋》比，那不过是谦词罢了。

他在《报任安书》里说他的书"欲以究天人之际，通古今之变，成一家之言"[23]。《史记·自序》里说："罔（网）罗天下放失旧闻，王迹所兴，原始察终，见盛观衰，论考

（接上页）之深切著明也。夫《春秋》，上明三王之道，下辨人事之纪，别嫌疑，明是非，定犹豫，善善恶恶，贤贤贱不肖，存亡国，继绝世，补敝起废，王道之大者也。……《春秋》采善贬恶，推三代之德，褒周室，非独刺讥而已也。'"

20　今文家，汉代经学的一派，相对于古文家而言。西汉末，古文经传出，故称用当时通行的隶书传授的经传为今文，用古籀文传授的经传为古文。

21　原注：原文见《史记·自序》。引句意为：将"六经"不同的传注、各家杂乱的说法熔铸为一家之言。

22　述而不作，语出《论语·述而》，意思是：只叙述和阐发前人，自己不加创新。

23　引句意为：想用来探究天和人的关系，贯通从古至今的变化，成就独立一家的学说。《报任安书》是司马迁回复任安的一封信，信中司马迁痛诉了自己的遭遇，阐发了自己的志向和情怀。

之行事。"²⁴ "王迹所兴"，始终盛衰，便是"古今之变"，也便是"天人之际"。"天人之际"只是天道对于人事的影响；这和所谓"始终盛衰"都是阴阳家²⁵言。阴阳家倡"五德终始说"，以为金、木、水、火、土五行之德，互相克胜²⁶，终始运行，循环不息。当运者盛，王迹所兴；运去则衰。西汉此说大行，与"今文经学"合而为一。司马迁是请教过董仲舒的，董就是今文派的大师；他也许受了董的影响。"五德终始说"原是一种历史哲学；实际的教训只是让人君顺时修德²⁷。

《史记》虽然窃比《春秋》，却并不用那咬文嚼字的书法，只据事实录，使善恶自见。书里也有议论，那不过是著者牢骚之辞，与大体是无关的。原来司马迁自遭李陵之祸，更加努力著书。他觉得自己已经身废名裂，要发抒意中的郁结，只有这一条通路。他在《报任安书》和《史记·自序》里引了文王以下到韩非诸贤圣，都是发愤才著

24　原文见《史记·自序》。引句意为：网罗搜集天下散佚的旧闻，对帝王兴起的事迹溯源探终，既要看到它的兴盛，也要看到它的衰亡，研讨考察各代所行之事。

25　阴阳家，百家之一，盛行于战国末期到汉初，齐国人驺衍是其创始人。阴阳家的学问被称为"阴阳说"，其核心内容是阴阳五行。

26　互相克胜，指五行之间存在着相生相克的规律。相生，含有互相滋生、促进助长的意思。相克，含有互相制约、克制、抑制的意思。五行相生是：木生火，火生土，土生金，金生水，水生木。五行相克是：木克土，土克水，水克火，火克金，金克木。

27　顺时修德，指顺应时势，修养德行。

书的。[28]他自己也是个发愤著书的人。天道的无常，世变的无常，引起了他的慨叹；他悲天悯人，发为牢骚抑扬之辞。这增加了他的书的情韵。后世论文[29]的人推尊《史记》，一个原因便在这里。

以上三段叙说司马迁作《史记》的目的、价值、旨趣。以窃比孔子作《春秋》为切入，叙说司马迁作《史记》也是为了记载史实，表彰忠贤；再以《报任安书》和《史记·自序》中的话参照阐发，说明《史记》"究天人之际，通古今之变，成一家之言"的写作旨意，点明其中包含的阴阳家的影响；再点明《史记》也是司马迁抒发郁结的结果，这也增加了《史记》的感染力。最后一点也为后文讨论对《史记》的批评埋下伏笔。

班彪论前史得失，却说他"论议浅而不笃，其论术学，则崇黄、老而薄五经，序货殖，则轻仁义而羞贫穷，论游侠，则贱守节而贵俗功"，以为"大敝伤道"[30]；班固也说他

28　这几句话是："昔西伯拘羑里，演《周易》；孔子厄陈蔡，作《春秋》；屈原放逐，著《离骚》；左丘失明，厥有《国语》；孙子膑脚，而论兵法；不韦迁蜀，世传《吕览》；韩非囚秦，《说难》《孤愤》；《诗》三百篇，大抵贤圣发愤之所为作也。此人皆意有所郁结，不得通其道也，故述往事，思来者。"

29　论文，这里指评论文章。

30　原注：《后汉书·班彪传》。按：大意是：议论浅显而不实，他（司马迁）评论道术学说，崇尚黄老之说而看轻"五经"；述说经商，轻视仁义而耻于贫穷；述说游侠，鄙视守节而重视世俗功业。大敝伤道，意思是：（这是）大毛病，有伤正道。

"是非颇谬于圣人"[31]。其实推崇道家的是司马谈；司马迁时，儒学已成独尊之势，他也成了一个推崇的人了。至于《游侠》《货殖》两传，确有他的身世之感。那时候有钱可以赎罪，他遭了李陵之祸，刑重家贫，不能自赎，所以才有"羞贫穷"的话；他在穷窘之中，交游竟没有一个抱不平来救他的，所以才有称扬游侠的话。这和《伯夷传》里天道无常的疑问，都只是偶一借题发挥，无关全书大旨。东汉王允死看"发愤"著书一语，加上咬文嚼字的成见，便说《史记》是"佞臣"的"谤书"[32]，那不但误解了《史记》，也太小看了司马迁了。

以上一段结合司马迁的身世遭遇，辨析了班彪、班固、王允对《史记》的批评。

《史记》体例有五：十二本纪，记帝王政迹，是编年的。十表，以分年略记世代为主。八书，记典章制度的沿革。三十世家，记侯国世代存亡。七十列传，类记各方面人物。史家称为"纪传体"，因为"纪传"是最重要的部

31　原注：《汉书·司马迁传赞》。按：引句意为：对事物是非对错的看法与圣人相比颇相违谬。

32　原注：《后汉书·蔡邕传》。按：王允的原文是"昔武帝不杀司马迁，使作谤书，流于后世。方今国祚中衰，神器不固，不可令佞臣执笔在幼主左右"。从语境看，王允只是把《史记》称作"谤书"，并未直接把司马迁称为"佞臣"。佞臣，指奸邪诌上之臣。

分。古史不是断片的杂记，便是顺案年月的纂录[33]；自出机杼，创立规模，以驾驭去取各种史料的，从《史记》起始。司马迁的确能够贯穿经传，整齐百家杂语，成一家言。他明白"整齐"的必要，并知道怎样去"整齐"：这实在是创作，是以述为作[34]。他这样将自有文化以来三千年间君臣士庶的行事，"合一炉而冶之"[35]，却反映着秦汉大一统的局势。《春秋左氏传》虽也可算通史，但是规模完具的通史，还得推《史记》为第一部书。班固根据他父亲班彪的意见，说司马迁"善叙事理，辩而不华，质而不俚；其文直，其事核，不虚美，不隐恶，故谓之实录"[36]。"直"是"简省"的意思；简省而能明确，便见本领。《史记》共一百三十篇，列传占了全书的过半数；司马迁的史观是以人物为中心的。他最长于描写；靠了他的笔，古代许多重要人物的面形，至今还活现在纸上。

33　此句意为：《史记》之前的史书，不是片段式的杂乱记录，就是按年月顺序编纂的记录。

34　以述为作，针对前文的"述而不作"而言，指出《史记》是在贯穿经传、整齐百家中实现了自己的创作，达到了"成一家言"的效果。

35　合一炉而冶之，指放在一个熔炉内冶炼，比喻将多种事物融为一体。

36　原注：《汉书·司马迁传赞》。按：引句意为：擅长讲述事情的道理，分辨清晰而文辞不华丽，质朴却不粗俗；他的文字简省，事件真实，不凭空加以赞赏，也不掩饰过错，因此把它叫作实录。

以上一段叙说了《史记》的体例数目，再对其价值、特点进行概括，尤其突显了《史记》在描写人物上的成就和价值。

《汉书》，汉班固著。班固，字孟坚，扶风安陵（今陕西咸阳）人，（光武帝建武八年——西元三二——生，和帝永元四年——西元九二——卒。）他家和司马氏一样，也是个世家；《汉书》是子继父业，也和司马迁差不多。但班固的凭藉，比司马迁好多了。他曾祖班斿（yóu），博学有才气，成帝时，和刘向同校皇家藏书。成帝赐了他全套藏书的副本，《史记》也在其中。当时书籍流传很少，得来不易；班家得了这批赐书，真像大图书馆似的。他家又有钱，能够招待客人。后来有好些学者，老远的跑到他家来看书；扬雄便是一个。班斿的次孙班彪，既有书看，又得接触许多学者；于是尽心儒术，成了一个史学家。《史记》以后，续作很多，但不是偏私，就是鄙俗；班彪加以整理补充，著了六十五篇《后传》。他详论《史记》的得失，大体确当不移[37]。他的书似乎只有本纪和列传；世家是并在列传里。这部书没有流传下来，但他的儿子班固的《汉书》是用它作底本的。

班固生在河西；那时班彪避乱在那里。班固有弟班超，妹班昭，后来都有功于《汉书》。他五岁时随父亲到那时的京师洛阳。九岁时能作文章，读诗赋。大概是十六岁罢，

37　确当不移，指准确恰当，不可更改。

他入了洛阳的大学[38]，博览群书。他治学不专守一家；只重大义，不沾沾在章句上。[39]又善作辞赋。为人宽和容众，不以才能骄人。在大学里读了七年书，二十三岁上，父亲死了，他回到安陵去。明帝永平元年（西元五八），他二十八岁，开始改撰父亲的书。他觉得《后传》不够详的[40]，自己专心精究，想完成一部大书。过了三年，有人上书给明帝，告他私自改作旧史。当时天下新定，常有人假造预言，摇惑民心；私改旧史，更有机会造谣，罪名可以很大。

明帝当即诏令扶风郡逮捕班固，解到洛阳狱中，并调看他的稿子。他兄弟班超怕闹出大乱子，永平五年（西元六二），带了全家赶到洛阳；他上书给明帝，陈明原委，请求召见。明帝果然召见。他陈明班固不敢私改旧史，只是续父所作。那时扶风郡也已将班固稿子送呈。明帝却很赏识那稿子，便命班固作校书郎，兰台令史，跟别的几个人同修世祖（光武帝）本纪。[41]班家这时候很穷。班超也作了

38　大学，即太学，古代设立在京城，用以培养人才、传授儒家经典的最高学府。

39　大义，指要义、要旨，即文章论著的精要之处。沾沾，指执着拘泥。章句，分析和注解古书的章节和句子。

40　详的，指详细准确。

41　校书郎，官名，掌校雠（chóu）典籍，订正讹误。兰台令史，官名，掌书奏及印工文书，兼校定宫廷藏书。汉朝皇宫建有藏书的石室，作为中央档案典籍库，称为兰台。

一名书记，帮助哥哥养家。后来班固等又述诸功臣的事迹，作列传载记二十八篇奏上。这些后来都成了刘珍等所撰的《东观汉记》的一部分，与《汉书》是无关的。

　　明帝这时候才命班固续完前稿。永平七年（西元六四），班固三十三岁，在兰台重行写他的大著。兰台是皇家藏书之处，他取精用弘，比家中自然更好。次年，班超也作了兰台令史。虽然在官不久，就从军去了，但一定给班固帮助很多。章帝即位，好辞赋，更赏识班固了。他因此得常到宫中读书，往往连日带夜的读下去。大概在建初七年（西元八二），他的书才大致完成。那年他是五十一岁了。和帝永元元年（西元八九），车骑将军窦宪出征匈奴，用他作中护军[42]，参议军机大事。这一回匈奴大败，逃得不知去向。窦宪在出塞三千多里外的燕然山上刻石纪功，教班固作铭。这是著名的大手笔。[43]

　　次年他回到京师，就作窦宪的秘书。当时窦宪威势极盛；班固倒没有仗窦家的势欺压人，但他的儿子和奴仆却都无法无天的。这就得罪了许多地面上的官儿；他

42　中护军，古代高级军事长官的官名，与中领军等一同掌管禁军、主持选拔武官、监督管制诸武将。

43　窦宪事见《后汉书·窦融列传》，说窦宪大破匈奴，"虏众崩溃，单于遁走"，斩获无数，降者二十余万人，"遂登燕然山，去塞三千余里，刻石勒功，纪汉威德，令班固作铭"。"燕然勒石"也成为了立功边疆的典故。大手笔，指关系国家大事、有意义重大的诏令文章。

们都敢怒而不敢言。有一回他的奴子喝醉了，在街上骂了洛阳令种兢，种兢气恨极了，但也只能记在心里。永元四年（西元九二），窦宪阴谋弑和帝，事败，自杀。他的党羽，或诛死，或免官。班固先只免了官，种兢却饶不过他，逮捕了他，下在狱里。他已经六十一岁了，受不得那种苦，便在狱里死了。和帝得知，很觉可惜，特地下诏申斥种兢，命他将主办的官员抵罪。班固死后，《汉书》的稿子很散乱。他的妹子班昭也是高才博学，嫁给曹世叔，世叔早死，她的节行并为人所重。当时称为曹大家（gū）。这时候她奉诏整理哥哥的书；并有高才郎官[44]十人，从她研究这部书——经学大师扶风马融[45]，就在这十人里。书中的八表和《天文志》那时还未完成，她和马融的哥哥马续参考皇家藏书，将这些篇写定，这也是奉诏办的。

　　以上五段叙述了《汉书》成书的复杂过程：从曾祖班斿得藏书，到班彪作《后传》成为《汉书》的底本，再到班固因私改旧史而下狱，幸被赏识得以续作前稿，在班超帮助下大致完成后，因窦宪及种兢事死于狱中，而此时《汉书》仍然散乱，并且没有八表和《天文志》——这部分是由班昭和马续补足的。

44　郎官，古代官名，君主侍从之官。

45　马融，东汉官员、经学家，扶风茂陵（今陕西兴平）人。

《汉书》的名称从《尚书》来，是班固定的。他说唐、虞、三代当时都有记载，颂述功德；汉朝却到了第六代才有司马迁的《史记》。而《史记》是通史，将汉朝皇帝的本纪放在尽后头，并且将尧的后裔的汉和秦、项放在相等的地位[46]，这实在不足以推尊本朝。况《史记》只到武帝而止，也没有成段落似的。他所以断代述史，起于高祖，终于平帝时王莽之诛，共十二世，二百三十年，作纪、表、志、传凡百篇，称为《汉书》。[47]班固著《汉书》，虽然根据父亲的评论[48]，修正了《史记》的缺失，但断代的主张，却是他的创见。他这样一面保存了文献，一面贯彻了发扬本朝功德的趣旨。所以后来的正史都以他的书为范本，名称也多叫作"书"。他这个创见，影响是极大的。他的书所包举的，比《史记》更为广大；天地、鬼神、人事、政治、道德、艺术、文章，尽在其中。

书里没有世家一体，本于班彪《后传》。汉代封建制度，实际上已不存在；无所谓侯国，也就无所谓世家。这

46　尧的后裔的汉，汉朝统治者为了强调其正统地位，宣称自己是尧的后裔，汉继承了尧的国运。项，指项羽。

47　原注：《汉书·叙传》。

48　父亲的评论，就是指前文提到的班彪对《史记》诸如"大敝伤道"之类的批评。

一体的并入列传，也是自然之势。至于改"书"为"志"[49]，只是避免与《汉书》的"书"字相重，无关得失。但增加了《艺文志》，叙述古代学术源流，记载皇家藏书目录，所关却就大了。《艺文志》的底本是刘歆的《七略》。刘向、刘歆父子都曾奉诏校读皇家藏书；他们开始分别源流，编订目录，使那些"中秘书"[50]渐得流传于世，功劳是很大的。他们的原著都已不存，但《艺文志》还保留着刘歆《七略》的大部分。这是后来目录学家的宝典。原来秦火之后，直到成帝时，书籍才渐渐出现；成帝诏求遗书于天下，这些书便多聚在皇家。刘氏父子所以能有那样大的贡献，班固所以想到在《汉书》里增立《艺文志》，都是时代使然。司马迁便没有这样好运气。

以上两段对照着《史记》叙说了《汉书》的特点和价值意义。先从班固确定《汉书》的名称说到"断代述史"成为后代正史的模范，《汉书》内容更为广大，再说到《汉书》没有"世家"这一体例，再说改"书"为"志"，尤其对与古代学术源流关系密切的目录学宝典《艺文志》加以详细说明。

49　改"书"为"志"，《史记》中经济、政治、文化等的专题记载和论述按体例称为"书"，《汉书》中则改称为"志"。《史记》有《礼》《乐》《律》《历》《天官》《封禅》《河渠》《平准》八书，《汉书》的志有一些由此演变而来又多有更新，并另创立《刑法》《五行》《地理》《艺文》等志，共为十志，规模宏大，内容丰富，备受重视。

50　中秘书，指宫廷藏书。

《史记》成于一人之手，《汉书》成于四人之手。表、志由曹大家和马续补成；纪、传从昭帝至平帝有班彪的《后传》作底本。而从高祖至武帝，更多用《史记》的文字。这样一看，班固自己作的似乎太少。因此有人说他的书是"剽窃"而成[51]，算不得著作。但那时的著作权的观念还不甚分明，不以抄袭为嫌；而史书也不能凭虚别构[52]。班固删润旧文，正是所谓"述而不作"。他删润的地方，却颇有别裁，决非率尔下笔。[53] 史书叙汉事，有阙略的[54]，有隐晦的，经他润色，便变得详明，这是他的独到处。汉代"明主、贤君、忠臣、死义之士"，他实在表彰得更为到家。书中收载别人整篇的文章甚多，有人因此说他是"浮华"之士[55]。这些文章大抵关系政治学术，多是经世[56]有用之作。那时还没有文集，史书加以搜罗，不失保存文献之旨。至于收录辞赋，却是当时的风气和他个人的嗜好；不过从现在

51　原注：《通志·总序》。按：宋代郑樵《通志·总序》的原文是："班固者，浮华之士也，全无学术，专事剽窃。……自高祖至武帝，凡六世之前，尽窃迁书，不以为惭。自昭帝至平帝，凡六世，资于贾逵、刘歆，复不以为耻。"

52　凭虚别构，指凭空想象虚构，另外加以创造。

53　别裁，指区别取舍，别出心裁。率尔，指随意而不经思索的样子。

54　阙略，指残缺忽略。

55　原注：《通志·总序》。

56　经世，治理国事。

看来，这些也正是文学史料，不能抹煞的。

　　以上一段主要对《汉书》"剽窃"、班固"浮华"这两点进行了辨析，指出"剽窃"是苛责，因为班固也是"述而不作"，而且他所删汰润饰的地方很有价值，而"浮华"则是时代使然，《汉书》中所保存的也正是文学史料，自有其价值。

　　班、马优劣论起于王充《论衡》。他说班氏父子"文义浃备，纪事详赡"，观者以为胜于《史记》。[57] 王充论文，是主张"华实俱成"的。[58] 汉代是个辞赋的时代，所谓"华"，便是辞赋化。《史记》当时还用散行文字；到了《汉书》，便弘丽精整，多用排偶[59]，句子也长了。这正是辞赋的影响。自此以后，直到唐代，一般文士，大多偏爱《汉书》，专门传习，《史记》的传习者却甚少。这反映着那时期崇尚骈文的风气。唐以后，散文渐成正统，大家才提倡起《史记》来；明归有光及清桐城派更力加推尊，《史记》差不多要驾

57　原注：《超奇》篇，这里据《史通·鉴识》原注引，和通行本文字略异。按：《史通·鉴识》的自注是："王充谓彪文义浃备，纪事详赡，观者以为甲，以太史公为乙也。""文义浃备，纪事详赡"的意思是：文章义理通达周全，记载事情详细充实。甲乙，甲在乙先，即评定等第。

58　原注：《超奇》篇。按："华实俱成"的意思是：辞藻和内容都具备。《论衡·超奇》的原文是："夫华与实，俱成者也，无华生实，物希有之。"华，也就是"花"，是用开花和结果来比喻辞藻形式和情理内容。

59　排偶，指文章词语文句排比对偶。

乎《汉书》之上了。[60]这种优劣论起于二书散整不同，质文各异[61]；其实是跟着时代的好尚而转变的。

以上一段开始进入班、马优劣的讨论辨析，在比较中对二人二书的特点加以更细微的介绍。从文风即散整质文的角度叙述了二书在文章史上的境遇起伏。

晋代张辅，独不好《汉书》。他说："世人论司马迁、班固才的优劣，多以固为胜，但是司马迁叙三千年事，只五十万言，班固叙二百年事，却有八十万言。烦省相差如此之远，班固那里赶得上司马迁呢！"[62]刘知几《史通》却以为"《史记》虽叙三千年事，详备的也只汉兴七十多年，前省后烦，未能折中；若教他作《汉书》，恐怕比班固还要烦些"[63]。

60　辞赋、骈文、散文、桐城派，这些内容可以参看本书的《文第十三》这一篇。

61　散整，指散行的文字和整齐的文字。质文，指质朴和华丽的文风。

62　原注：原文见《晋书·张辅传》。按：《晋书·张辅传》："辅尝著论云：……又论班固、司马迁云：迁之著述，辞约而事举，叙三千年事唯五十万言；班固叙二百年事乃八十万言，烦省不同，不如迁一也。""不如迁一也"说的是：这是班固不如司马迁的第一个地方。张辅后续又罗列了他认为班固不如司马迁的其他多条理由，如不善取舍、毁伤忠臣、文多因循等。

63　原注：原文见《史通·杂说上》。按：《史通·杂说上》："然迁虽叙三千年事，其间详备者，唯汉兴七十余载而已。其省也则如彼，其烦也则如此，求诸折中，未见其宜。……若使马迁易地而处，撰成《汉书》，将恐多言费辞，有逾班氏，安得以此而定其优劣邪？"

刘知几左袒班固，不无过甚其辞。[64]平心而论，《汉书》确比《史记》繁些。《史记》是通史，虽然意在尊汉，不妨详近略远，但叙汉事倒底不能太详；司马迁是知道"折中"的。《汉书》断代为书，尽可充分利用史料，尽其颂述功德的职分；载事既多，文字自然繁了，这是一。《汉书》载别人文字也比《史记》多，这是二。《汉书》文字趋向骈体，句子比散体长，这是三。这都是"事有必至，理有固然"[65]，不足为《汉书》病。范晔《后汉书·班固传赞》说班固叙事"不激诡，不抑抗，赡而不秽，详而有体，使读之者亹亹而不厌"[66]，这是不错的。

以上一段主要从繁简角度讨论，认为不必把字数作为评判的标准，并分析了《汉书》文字较繁的原因，赞扬了《汉书》在叙事方面的优点。

宋代郑樵在《通志·总序》里抨击班固，几乎说得他不值一钱。刘知几论通史不如断代，以为通史年月悠长，史料亡佚太多，所可采录的大都陈陈相因，难得新异。《史记》已不免此失；后世仿作，贪多务得，又加上繁杂的毛

64　左袒，指偏护一方。过甚其辞，指把话说得过分。

65　事有必至，理有固然，出自宋代苏洵《辨奸论》，大意是：有些事情必然到来，有些道理本来如此。

66　引句大意为：不毁誉过当，不缩小夸张，丰富而不杂乱，详细而有条理，让人读而不厌。亹亹（wěi），指诗文动人而让人兴味盎然的样子。

病，简直教人懒得去看。[67]按他的说法，像《鲁春秋》等，怕也只能算是截取一个时代的一段儿，相当于《史记》的叙述汉事；不是无首无尾，就是有首无尾。这都不如断代史的首尾一贯好。像《汉书》那样，所记的只是班固的近代，史料丰富，搜求不难。只需破费工夫，总可一新耳目，"使读之者亹亹而不厌"的。[68]郑樵的意见恰相反。他注重会通，以为历史是联贯的，要明白因革损益的轨迹，非会通不可。[69]通史好在能见其全，能见其大。他称赞《史记》，说是"六经之后，惟有此作"。他说班固断汉为书，古今间隔，因革不明，失了会通之道，真只算是片段罢了。[70]其实通古和断代，各有短长，刘、郑都不免一偏之见。

以上一段主要从通史和断代史的角度讨论，揭示了通史和断代

67　原注：《史通·六家》。按：刘知几《史通·六家》评论《史记》说："兼其所载，多聚旧记，时采杂言，故使览之者事罕异闻，而语饶重出。此撰录之烦者也。"刘知几评论后来的通史"芜累尤深"。

68　原注：《史通·六家》。按：《史通·六家》评论《汉书》说："如《汉书》者，究西都之首末，穷刘氏之废兴，包举一代，撰成一书，言皆精练，事甚该密。故学者寻讨，易为其功，自尔迄今，无改斯道。"

69　因革损益，指沿袭与变革，删减与增加，对于过往事物根据需要进行继承或抛弃。会通，会合疏通。

70　原注：《通志·总序》。按：《通志·总序》评论《史记》说："使百代而下，史官不能易其法，学者不能舍其书，六经之后，惟有此作。……自《春秋》之后，惟《史记》擅制作之规模，不幸班固非其人，遂失会通之旨。"评论班固说："由其断汉为书，是致周秦不相因，古今成间隔。"

史各自的优点与缺点：通史注重会通古今而容易陈陈相因，断代史注重当代的史料丰富而容易隔断古今。

　　《史》《汉》可以说是自各成家。《史记》"文直而事核"，《汉书》"文赡而事详"。[71] 司马迁感慨多，微情妙旨[72]，时在文字蹊径之外；《汉书》却一览之余，情词俱尽。但是就史论史，班固也许比较客观些，比较合体些。明茅坤说"《汉书》以矩矱胜"[73]，清章学诚说"班氏守绳墨"，"班氏体方用智"[74]，都是这个意思。晋傅玄评班固，"论国体则饰主阙而折忠臣，叙世教则贵取容而贱直节"[75]。这些只关识见高低，不见性情偏正，和司马迁《游侠》《货殖》两传蕴含着无穷的身世之痛的不能相比，所以还无碍其为客观的。总之，《史》《汉》二书，文质和繁省[76]虽然各不相同，而所采者博，所择者精，却是一样；组织的弘大，描写的曲达，

71　原注：《后汉书·班固传赞》。

72　微情妙旨，微妙的情绪和旨趣。

73　原注：《汉书评林·序》。按：矩矱（yuē），指规矩法度。

74　原注：《文史通义·诗教下》。按：绳墨，是木工取直的工具，后借以比喻法度规矩。体方用智，原文是："迁书体圆用神，多得《尚书》之遗；班氏体方用智，多得官礼之意也。"是说《汉书》体例规整，讲究理智。

75　原注：《史通·书事》。按：引句意为：讨论国家体势则掩饰君主的过失而折损忠臣，叙说世俗教化则注重媚人容己而鄙夷正直节操。

76　文质，指华丽与质朴。繁省，指繁密与简约。

也同工异曲。二书并称良史，决不是偶然的。

最后一段主要从情和理的角度讨论，认为《史记》感慨多，微情妙旨，《汉书》重规矩绳墨。以二书虽有文质、繁省的不同，都无愧良史之称，收束全文。

【参考资料】郑鹤声《史汉研究》。《司马迁年谱》。《班固年谱》。

拓展阅读

史记·太史公自序（节选）

七年而太史公遭李陵之祸，幽于缧绁（léi xiè）。乃喟然而叹曰："是余之罪也夫！是余之罪也夫！身毁不用矣。"退而深惟曰："夫《诗》《书》隐约者，欲遂其志之思也。昔西伯拘羑（yǒu）里，演《周易》；孔子厄陈蔡，作《春秋》；屈原放逐，著《离骚》；左丘失明，厥有《国语》；孙子膑脚，而论兵法；不韦迁蜀，世传《吕览》；韩非囚秦，《说难》《孤愤》；《诗》三百篇，大抵贤圣发愤之所为作也。此人皆意有所郁结，不得通其道也，故述往事，思来者。"于是卒述陶唐以来，至于麟止，自黄帝始。

译文

七年后太史公遭遇李陵之祸，被关在监狱。于是喟然长叹："这是我的罪过啊！这是我的罪过啊！我的身体被毁，也不会再被任用了！"退居后深思："《诗经》和《尚书》辞意隐约，这是作者要表达他们内心的思想。从前文王被囚禁在羑里，推演了《周易》；孔子在陈国和蔡国受到困厄，写作《春秋》；屈原被放逐，就写了《离骚》；左丘失明，才有了《国语》；孙膑遭受膑刑之苦，于是研究兵法；吕不韦谪迁蜀地，世上开始流传《吕览》；韩非子被囚在秦，《说难》《孤愤》出现了；《诗经》三百篇，大多是古代圣贤抒发愤懑而创作的。这些人都是意气有所郁结，没法得到通道发泄，所以追述往事，存思将来。"于是终于记述了唐尧以来止于猎获白麟的元狩元年，而从黄帝开始。

汉书·叙传（节选）

固以为唐虞三代，《诗》《书》所及，世有典籍，故虽尧、舜之盛，必有典谟之篇，然后扬名于后世，冠德于百王，故曰："巍巍乎其有成功，焕乎其有文章也！"汉绍尧运，以建帝业，至于六世，史臣乃追述功德，私作本纪，编于百王之末，厕于秦、项之列。太初以后，阙而不录。故探纂前记，缀辑所闻，以述《汉书》，起元高祖，终于孝平、王莽之诛，十有二世，二百三十年，综其行事，旁贯五经，上下洽通，为春秋考纪、表、志、传，凡百篇。

译文

班固认为唐尧虞舜夏商周，以及《诗经》《尚书》所涉及的，世间都有典籍，所以即使是尧舜如此兴盛，也一定有《尧典》《皋陶谟》之类的篇章，然后声名流传后世，圣德冠于百王，所以说："多么伟大崇高啊他们取得的功绩，多么灿烂辉煌啊他们制定的典章制度！"汉朝承继唐尧国运，建立帝业，到了六世汉武帝，史官便追述前世功德，个人撰写帝王本纪，排列于百王之末，厕身于秦始皇、项羽之列。太初年以后之事，缺失而不记录。因此探求前人传记，编辑所闻，而撰述《汉书》，开始于汉高祖，结束于孝平、王莽被杀，共十二代，二百三十年，综合史事，旁贯五经，上下衔接通达，分为本纪、表、志、传四种体裁，共百篇。

诸子第十

题解

春秋战国时代，王权衰落，诸侯争霸。面对现实的社会问题、人生问题，有思想的知识分子提出了解决的办法。各种学说、思想标新立异，纷纷出现。诸子，就是对先秦时期各学术思想首领的称呼，也常常用来指称各学术派别。诸子中尤以孔子、老子、墨子为代表的三大哲学体系，对后世影响最为巨大。

本篇着重介绍了流传最广的六家即儒家、墨家、道家、名家、法家、阴阳家，最后介绍了诸子的结束，即董仲舒和汉武帝独尊儒术，开创了新局面，形成了新秩序，影响深远。

春秋末年，封建制度开始崩坏，贵族的统治权，渐渐维持不住。社会上的阶级，有了紊乱的现象。到了战国，更看见农奴解放，商人抬头。这时候一切政治的、社会的、经济的制度，都起了根本的变化。大家平等自由，形成了一个大解放的时代。在这个大变动当中，一些才智之士，对于当前的情势，有种种的看法，有种种的主张；他们都想收拾那动乱的局面，让它稳定下来。有些倾向于守旧的，便起来拥护旧文化、旧制度，向当世的君主和一般人申述他们拥护的理由，给旧文化、旧制度找出理论上的根据。也有些人起来批评或反对旧文化、旧制度；又有些人要修正那些。还有人要建立新文化、新制度来代替旧的；还有人压根儿反对一切文化和制度。这些人也都根据他们自己的见解各说各的，都"持之有故，言之成理"[1]。这便是诸子之学，大部分可以称为哲学。这是一个思想解放的时代，也是一个思想发达的时代，在中国学术史里是稀有的。

诸子都出于职业的"士"。"士"本是封建制度里贵族的末一级；但到了春秋、战国之际，"士"成了有材能的人的通称。在贵族政治未崩坏的时候，所有的知识、礼、乐等等，都在贵族手里，平民是没分的。那时有知识技能的专家，都由贵族专养专用，都是在官的。到了贵族政治崩坏以后，贵族有的失了势，穷了，养不起自用的专家。这些专家失了业，流落到民间，便卖他们的知识技能为生。凡有权有钱的都可以临时雇用他们；他们起初还是伺候贵

1　"持之有故，言之成理"，语出《荀子·非十二子》，意为：所持的见解和主张有一定的根据和道理。

族的时候多，不过不限于一家贵族罢了。这样发展了一些自由职业；靠这些自由职业为生的，渐渐形成了一个特殊阶级，便是"士农工商"的"士"。这些"士"，这些专家，后来居然开门授徒起来。徒弟多了，声势就大了，地位也高了。他们除掉执行自己的职业之外，不免根据他们专门的知识技能，研究起当时的文化和制度来了。这就有了种种看法和主张。各"思以其道易天下"[2]。诸子百家便是这样兴起的。

开头两段交代诸子产生的时代大背景，即大变动、大解放，如此背景下有知识技能的专家逐渐成为"士"，并开门授徒。这些人便是诸子，他们的学说便是诸子之学。

第一个开门授徒发扬光大那非农非工非商非官的"士"的阶级的，是孔子。孔子名丘，他家原是宋国的贵族，贫寒失势，才流落到鲁国去。他自己作了一个儒士；儒士是以教书和相礼[3]为职业的，他却只是一个"老教书匠"。他的教书有一个特别的地方，就是"有教无类"[4]。他大招学生，不问身家，只要缴相当的学费就收；收来的学生，一

2　原注：语见章学诚《文史通义·言公》上。按：原注恐误，实见《文史通义·原道》。"思以其道易天下"，意为：想用他们的道来改变天下。

3　相礼，指导引、襄助他人行礼。

4　原注：《论语·卫灵公》。按："有教无类"，指施教的对象没有贵贱贫富的分别。

律教他们读《诗》《书》等名贵的古籍，并教他们礼、乐等功课。这些从前是只有贵族才能够享受的，孔子是第一个将学术民众化的人。他又带着学生，周游列国，说当世的君主；这也是从前没有的。他一个人开了讲学和游说的风气，是"士"阶级的老祖宗。他是旧文化、旧制度的辩护人，以这种姿态创始了所谓儒家。所谓旧文化、旧制度，主要的是西周的文化和制度，孔子相信是文王、周公创造的。继续文王、周公的事业，便是他给他自己的使命。他自己说，"述而不作，信而好古"[5]；所述的，所信所好的，都是周代的文化和制度。《诗》《书》《礼》《乐》等是周文化的代表，所以他拿来作学生的必修科目。这些原是共同的遗产，但后来各家都讲自己的新学说，不讲这些；讲这些的始终只有"述而不作"的儒家。因此《诗》《书》《礼》《乐》等便成为儒家的专有品了。

孔子是个博学多能的人，他的讲学是多方面的。他讲学的目的在于养成"人"，养成为国家服务的人，并不在于养成某一家的学者。他教学生读各种书，学各种功课之外，更注重人格的修养。他说为人要有真性情，要有同情心，能够推己及人，这所谓"直""仁""忠""恕"[6]；一面

5　原注：《论语·述而》。按：引句意为：只叙述和阐明前人，自己不创作，相信并爱好古代文化。

6　"直""仁""忠""恕"，儒家推崇的道德规范，大意是：正直，关爱他人，尽心为人，推己及人。

还得合乎礼，就是遵守社会的规范。凡事只问该作不该作，不必问有用无用；只重义，不计利。这样人才配去干政治，为国家服务。孔子的政治学说，是"正名主义"。他想着当时制度的崩坏，阶级的紊乱，都是名不正的缘故。君没有君道，臣没有臣道，父没有父道，子没有子道，实和名不能符合起来，天下自然乱了。救时之道，便是"君君，臣臣，父父，子子"[7]；正名定分，社会的秩序，封建的阶级便会恢复的。他是给封建制度找了一个理论的根据。这个正名主义，又是从《春秋》和古史官的种种书法归纳得来的。他所谓"述而不作"，其实是以述为作，就是理论化旧文化、旧制度，要将那些维持下去。他对于中国文化的贡献，便在这里。

以上两段讲孔子及儒家及其主张。孔子有教无类，是第一个将学术民众化的人，同时开了讲学和游说的风气。儒家注重周朝的旧文化、旧制度，主张"直""仁""忠""恕"，主张行为应当合乎礼，正名定分。

孔子以后，儒家还出了两位大师，孟子和荀子。孟子名轲，邹人；荀子名况，赵人。这两位大师代表儒家的两派。他们也都拥护周代的文化和制度，但更进一步的加以理论化和理想化。孟子说人性是善的。人都有恻隐心、羞

7　原注：《论语·颜渊》。按：引句意为：君有君的样子，臣有臣的样子，父有父的样子，子有子的样子。

恶心、辞让心、是非心；这便是仁、义、礼、智等善端，只要能够加以扩充，便成善人。这些善端，又总称为"不忍人之心"。圣王本于"不忍人之心"，发为"不忍人之政"[8]，便是"仁政""王政"。一切政治的、经济的制度都是为民设的，君也是为民设的——这却已经不是封建制度的精神了。和王政相对的是霸政。霸主的种种制作设施，有时也似乎为民，其实不过是达到好名、好利、好尊荣的手段罢了。荀子说人性是恶的。性是生之本然，里面不但没有善端，还有争夺放纵等恶端。但是人有相当聪明才力，可以渐渐改善学好；积久了，习惯自然，再加上专一的工夫，可以到圣人的地步。[9]所以善是人为的。孟子反对功利，他却注重它。他论王霸的分别，也从功利着眼。孟子注重圣王的道德，他却注重圣王的威权。他说生民之初，纵欲相争，乱得一团糟，圣王建立社会国家，是为明分、

8　原注：《孟子·公孙丑》。按：原文是："人皆有不忍人之心。先王有不忍人之心，斯有不忍人之政矣。……恻隐之心，仁之端也；羞恶之心，义之端也；辞让之心，礼之端也；是非之心，智之端也。"大意是：人都有怜悯温柔待人之心，先王有怜悯温柔待人之心，则有怜悯温柔待人之政治。……恻隐心、羞恶心、辞让心、是非心，便是仁、义、礼、智的端始。另外，《孟子·告子上》也说："恻隐之心，仁也；羞恶之心，义也；恭敬之心，礼也；是非之心，智也。仁义礼智非由外铄我也，我固有之也。"

9　见《荀子·荣辱》："好荣恶辱，好利恶害，是君子小人之所同也。""人之生固小人，无师无法则唯利之见耳。""尧禹者，非生而具者也，夫起于变故，成乎修为，待尽而后备者也。"

息争的。[10]礼是社会的秩序和规范，作用便在明分；乐是调和情感的，作用便在息争。他这样从功利主义出发，给一切文化和制度找到了理论的根据。

以上一段对举介绍了儒家的另外两位大师：孟子、荀子。孟子主张人性本善，认为人皆有"不忍人之心"，推崇"仁政""王政"；荀子主张人性本恶，但人可以向善学好，礼乐就是用来节制纷争、调和情感的。

儒士多半是上层社会的失业流民；儒家所拥护的制度，所讲、所行的道德，也是上层社会所讲、所行的。还有原业农工的下层失业流民，却多半成为武士。武士是以帮人打仗为职业的专家。墨翟便出于武士。墨家的创始者墨翟，鲁国人，后来做到宋国的大夫，但出身大概是很微贱的。"墨"原是作苦工的犯人的意思，大概是个浑名；"翟"是名字。墨家本是贱者，也就不辞用那个浑名自称他们的学派。墨家是有团体组织的，他们的首领叫作"巨子"；墨子大约就是第一任"巨子"。他们不但是打仗的专家，并且是制造战争器械的专家。

但墨家和别的武士不同，他们是有主义的。他们虽以

10　见《荀子·礼论》："人生而有欲。欲而不得，则不能无求；求而无度量分界，则不能不争；争则乱，乱则穷。先王恶其乱也，故制礼义以分之，以养人之欲，给人之求。使欲必不穷乎物，物必不屈于欲。两者相持而长，是礼之所起也。"

帮人打仗为生，却反对侵略的打仗；他们只帮被侵略的弱小国家做防卫的工作。《墨子》里只讲守的器械和方法，攻的方面，特意不讲。这是他们的"非攻"主义。他们说天下大害，在于人的互争；天下人都该视人如己，互相帮助，不但利他，而且利己。这是"兼爱"主义。墨家注重功利，凡与国家人民有利的事物，才认为有价值。国家人民，利在富庶；凡能使人民富庶的事物是有用的，别的都是无益或有害。他们是平民的代言人，所以反对贵族的周代的文化和制度。他们主张"节葬""短丧""节用""非乐"[11]，都和儒家相反。他们说他们是以节俭勤苦的夏禹为法的。他们又相信有上帝和鬼神，能够赏善罚恶；这也是下层社会的旧信仰。儒家和墨家其实都是守旧的；不过一个守原来上层社会的旧，一个守原来下层社会的旧罢了。

以上两段介绍墨家。与儒家对照着说，墨家是原来以农工为业的失业流民，是打仗的专家，是制造战争器械的专家，有组织，有主义，主张"非攻""兼爱""节葬""短丧""节用""非乐"等。

压根儿反对一切文化和制度的是道家。道家出于隐士。孔子一生曾遇到好些"避世"之士；他们着实讥评孔子。这些人都是有知识学问的。他们看见时世太乱，难以挽救，便消极起来，对于世事，取一种不闻不问的态度。他们讥

11　节葬，指丧葬仪式从简。短丧，指缩短服丧期。节用，指减少不必要的开支，只消费生活必需品。非乐，指禁止音乐。

评孔子"知其不可而为之"[12]，费力不讨好；他们自己便是知其不可而不为的、独善其身的聪明人。后来有个杨朱，也是这一流人，他却将这种态度理论化了，建立"为我"的学说。他主张"全生保真，不以物累形"[13]；将天下给他，换他小腿上一根汗毛，他是不干的。天下虽大，是外物；一根毛虽小，却是自己的一部分。[14]所谓"真"，便是自然。杨朱所说的只是教人因生命的自然，不加伤害；"避世"便是"全生保真"的路。不过世事变化无穷，避世未必就能避害，杨朱的教义到这里却穷了。老子、庄子的学说似乎便是从这里出发，加以扩充的。杨朱实在是道家的先锋。

以上一段总讲道家，着重讲了道家的先锋杨朱。杨朱主张"为我"，主张"全生保真，不以物累形"。

老子相传姓李名耳，楚国隐士。楚人是南方新兴的民族，受周文化的影响很少，他们往往有极新的思想。孔子遇到那些隐士，也都在楚国，这似乎不是偶然的。庄子名周，宋国人，他的思想却接近楚人。老学以为宇宙间事物的变化，都遵循一定的公律，在天然界如此，在人事界也

12　原注：《论语·宪问》。

13　原注：《淮南子·泛论训》。按：原文为"全性保真，不以物累形"，意思是：保全生性本真，不要被外界干扰了形体。

14　见《孟子·尽心上》："杨子取为我，拔一毛而利天下，不为也。"大意是：杨子所取法的是"为我"，就算拔一毛可以有利于全天下，也不做。

如此。这叫作"常"。顺应这些公律，便不须避害，自然能避害。所以说，"知常曰明"[15]。事物变化的最大公律是物极则反。处世接物，最好先从反面下手。"将欲翕之，必固张之；将欲弱之，必固强之；将欲废之，必固兴之；将欲夺之，必固与之。"[16]"大直若屈，大巧若拙，大辩若讷。"[17]这样以退为进，便不至于有什么冲突了。因为物极则反，所以社会上政治上种种制度，推行起来，结果往往和原来目的相反。"法令滋彰，盗贼多有。"[18]治天下本求有所作为，但这是费力不讨好的，不如排除一切制度，顺应自然，无为而为，不治而治。那就无不为，无不治了。自然就是"道"，就是天地万物所以生的总原理。物得道而生，是道的具体表现。一物所以生的原理叫作"德"，"德"是"得"的意思。所以宇宙万物都是自然的。这是老学的根本思想，也是庄学的根本思想。但庄学比老学更进一步。他们主张绝对的自由，绝对的平等。天地万物，无时不在变化之中，不齐是自然的。一切但须顺其自然，所有的分别，所有的

15　原注：《老子》十六章。

16　原注：《老子》三十六章。引句意为：想要收敛它，必先扩张它；想要削弱它，必先加强它；想要废去它，必先抬举它；想要夺取它，必先给予它。

17　原注：《老子》四十五章。引句意为：最大的直好似弯曲，最大的巧好似笨拙，最大的辩好似讷钝。

18　原注：《老子》五十七章。引句意为：法律政令盛多，盗贼也会很多。

标准，都是不必要的。社会上、政治上的制度，硬教不齐的齐起来，只徒然伤害人性罢了。所以圣人是要不得的；儒、墨是"不知耻"的。[19] 按庄学说，凡天下之物都无不好，凡天下的意见，都无不对；无所谓物我，无所谓是非。甚至死和生也都是自然的变化，都是可喜的。明白这些个，便能与自然打成一片，成为"无入而不自得"[20]的至人了。老、庄两派，汉代总称为道家。

以上一段介绍老子和庄子。老子主张遵循宇宙间事物变化的规律，顺应自然，无为而为。在老子的基础上，庄子更进一步，主张绝对的自由、绝对的平等，齐物我，无是非，一死生。

庄学排除是非，是当时"辩者"的影响。"辩者"汉代称为名家，出于讼师。辩者的一个首领郑国邓析，便是春秋末年著名的讼师。另一个首领梁相惠施，也是法律行家。邓析的本事在对于法令能够咬文嚼字的取巧，"以是为非，以非为是"[21]。语言文字往往是多义的；他能够分析语言文字的意义，利用来作种种不同甚至相反的解释。这样发展了辩者的学说。当时的辩者有惠施和公孙龙两派。惠施派说，世间各个体的物，各有许多性质；但这些性质，都因比较

19　原注：《庄子·在宥》《天运》。

20　"无入而不自得"，语出《中庸》，意为：君子无论处于什么情况下都是安然自得的。至人，道家指达到最高境界的人。

21　原注：《吕氏春秋·审应览·离谓》篇。

而显，所以不是绝对的。各物都有相同之处，也都有相异之处。从同的一方面看，可以说万物无不相同；从异的一方面看，可以说万物无不相异。同异都是相对的，这叫作"合同异"[22]。

公孙龙，赵人。他这一派不重个体而重根本，他说概念有独立分离的存在。譬如一块坚而白的石头，看的时候只见白，没有坚；摸的时候只觉坚，不见白。所以白性与坚性两者是分离的。况且天下白的东西很多，坚的东西也很多，有白而不坚的，也有坚而不白的。也可见白性与坚性是分离的，白性使物白，坚性使物坚；这些虽然必须因具体的物而见，但实在有着独立的存在，不过是潜存罢了。这叫作"离坚白"[23]。这种讨论与一般人感觉和常识相反，所以当时以为"怪说""琦辞"，"辩而无用"[24]。但这种纯理论的兴趣，在哲学上是有它的价值的。至于辩者对于社会政治的主张，却近于墨家。

以上两段介绍了名家。邓析咬文嚼字，"以是为非，以非为是"。惠施主张"合同异"，即同异都是相对的。公孙龙主张"离坚白"，

22　原注：语见《庄子·秋水》。

23　原注：《荀子·非十二子》篇。

24　原注：《荀子·非十二子》篇。按：原文是："不法先王，不是礼义，而好治怪说，玩琦辞，甚察而不惠，辩而无用，多事而寡功，不可以为治纲纪；然而其持之有故，其言之成理，足以欺惑愚众：是惠施、邓析也。"

即白性与坚性是分离的。

儒、墨、道各家有一个共通的态度，就是托古立言；他们都假托古圣贤之言以自重。孔子托于文王、周公，墨子托于禹，孟子托于尧、舜，老、庄托于传说中尧、舜以前的人物；一个比一个古，一个压一个。不托古而变古的只有法家。法家出于"法术之士"[25]，法术之士是以政治为职业的专家。贵族政治崩坏的结果，一方面是平民的解放，一方面是君主的集权。这时候国家的范围，一天一天扩大，社会的组织也一天一天复杂。人治、礼治，都不适用了。法术之士便创一种新的政治方法帮助当时的君主整理国政，作他们的参谋。这就是法治。当时现实政治和各方面的趋势是变古——尊君权、禁私学、重富豪。法术之士便拥护这种趋势，加以理论化。

他们中间有重势、重术、重法三派，而韩非子集其大成。他本是韩国的贵族，学于荀子。他采取荀学、老学和辩者的理论，创立他的一家言；他说势、术、法三者都是"帝王之具"[26]，缺一不可。势的表现是赏罚，赏罚严，才可

25　原注：《韩非子·定法》。按：《韩非子·定法》以申不害之术和公孙鞅（即商鞅）之法为典型介绍了法和术，末尾说："二子之于法术，皆未尽善也。"申不害、商鞅可以看成法家前辈。另，《韩非子·孤愤》篇有对智术之士和法术之士的介绍。

26　原注：《韩非子·定法》。按：《韩非子·定法》："术者，因任而授官，循名而责实，操杀生之柄，课群臣之能者也。此人主（转下页）

以推行法和术。因为人性究竟是恶的。术是君主驾御臣下的技巧。综核名实[27]是一个例。譬如教人作某官，按那官的名位，该能作出某些成绩来；君主就可以照着去考核，看他名实能相副否。又如臣下有所建议，君主便叫他去作，看他能照所说的作到否。名实相副的赏，否则罚。法是规矩准绳，明主制下了法，庸主只要守着，也就可以治了。君主能够兼用法、术、势，就可以一驭万，以静制动，无为而治。诸子都讲政治，但都是非职业的，多偏于理想。只有法家的学说，从实际政治出来，切于实用。中国后来的政治，大部分是受法家的学说支配的。

以上两段写法家。从与儒、墨、道几家的不同，即不托古说起，指出法家是将变古的趋势，即尊君权、禁私学、重富豪加以理论化的结果。法家注重势、术、法，势表现为赏罚，术表现为君主驭下的巧术，法表现为臣民遵守的规矩法律。法家学说支配着中国后来的政治。

（接上页）之所执也。法者，宪令著于官府，刑罚必于民心，赏存乎慎法，而罚加乎奸令者也。此臣之所师也。君无术则弊于上，臣无法则乱于下，此不可一无，皆帝王之具也。"可见韩非子是将法、术视为统治工具。韩非子对势的见解主要见于《韩非子·难势》，如"势者，名一而变无数者也""抱法处势，则治；背法去势，则乱"。韩非子是将势寄于法，并不与法、术并列而为三。

27　综核名实，指综理考核称说与实际，语出《汉书·宣帝纪赞》："孝宣之治，信赏必罚，综核名实。"

古代贵族养着礼、乐专家，也养着巫祝、术数专家。[28]礼、乐原来的最大的用处在丧、祭。丧、祭用礼、乐专家，也用巫祝；这两种人是常在一处的同事。巫祝固然是迷信的；礼、乐里原先也是有迷信成分的。礼、乐专家后来沦为儒士；巫祝术数专家便沦为方士。他们关系极密切，所注意的事有些是相同的。汉代所称的阴阳家便出于方士。古代术数注意于所谓"天人之际"，以为天道人事互相影响。战国末年有些人更将这种思想推行起来，并加以理论化，使它成为一贯的学说。这就是阴阳家。

当时阴阳家的首领是齐人驺衍。他研究"阴阳消息"[29]，创为"五德终始"说[30]。"五德"就是五行之德。五行是古代的信仰。驺衍以为五行是五种天然势力，所谓"德"。每一德，各有盛衰的循环。在它当运的时候，天道人事，都受它支配。等到它运尽而衰，为别一德所胜、所克，别一德就继起当运。木胜土，金胜木，火胜金，水胜火，土胜水，这样"终始"不息。历史上的事变都是这些天然势力的表

28　巫祝，古代称事鬼神者为巫，祭主赞词者为祝；后连用指掌占卜祭祀的人。术数，以种种方术观察自然界可注意的现象，来推测人和国家的气数和命运，如星占、卜筮、奇门遁甲、命相、拆字、起课、堪舆等。

29　原注：《史记·孟子荀卿列传》。按：消息，指增减、盛衰。

30　原注：《吕氏春秋·有始览·名类》篇及《文选》左思《魏都赋》李善注引《七略》。

现。每一朝代，代表一德；朝代是常变的，不是一家一姓可以永保的。阴阳家也讲仁义名分，却是受儒家的影响。那时候儒家也在开始受他们的影响，讲《周易》，作《易传》。到了秦、汉间，儒家更几乎与他们混和为一；西汉今文家的经学大部便建立在阴阳家的基础上。后来"古文经学"虽然扫除了一些"非常""可怪"之论[31]，但阴阳家的思想已深入人心，牢不可拔了。

以上两段说阴阳家。从礼、乐专家引出巫祝、术数专家，将天道人事相互影响的学说理论化，就是阴阳学说。驺衍是阴阳家的首领，创"五德终始"说，将五行（木、火、土、金、水）的属性与王朝的更迭相联系，形成一种循环历史观。阴阳家与儒家关系密切。

战国末期，一般人渐渐感着统一思想的需要，秦相吕不韦便是作这种尝试的第一个人。他教许多门客合撰了一部《吕氏春秋》。现在所传的诸子书，大概都是汉人整理编定的；他们大概是将同一学派的各篇编辑起来，题为某子。所以都不是有系统的著作。《吕氏春秋》却不然；它是第一部完整的书。吕不韦所以编这部书，就是想化零为整，集合众长，统一思想。他的基调却是道家。秦始皇统一天下，李斯为相，实行统一思想。他烧书，禁天下藏"《诗》《书》

31　原注：何休《春秋公羊经传解诂·序》说《春秋》中"多非常异义可怪之论"。按：非常，指不合常例。可怪，指让人诧异。

百家语"[32]。但时机到底还未成熟，而秦不久也就亡了，李斯是失败了。所以汉初诸子学依然很盛。

到了汉武帝的时候，淮南王刘安仿效吕不韦的故智[33]，教门客编了一部《淮南子》，也以道家为基调，也想来统一思想。但成功的不是他，是董仲舒。董仲舒向武帝建议："六经和孔子的学说以外，各家一概禁止。邪说息了，秩序才可统一，标准才可分明，人民才知道他们应走的路。"[34]武帝采纳了他的话。从此，帝王用功名、利禄提倡他们所定的儒学，儒学统于一尊；春秋、战国时代言论思想极端自由的空气便消灭了。这时候政治上既开了从来未有的大局面，社会和经济各方面的变动也渐渐凝成了新秩序，思想渐归于统一，也是自然的趋势。在这新秩序里，农民还占着大多数，宗法社会还保留着，旧时的礼教与制度一部分还可适用，不过民众化了罢了。另一方面，要创立政治上、社会上各种新制度，也得参考旧的。这里便非用儒者不可了。儒者通晓以前的典籍，熟悉以前的制度，而又能够加以理想化、理论化，使那些东西秩然有序，粲然可观。别

32　原注：《史记·秦始皇本纪》。

33　故智，指以前用过的计谋。

34　原注：原文见《汉书·董仲舒传》。按：《汉书·董仲舒传》载《对贤良策》："臣愚以为诸不在六艺之科、孔子之术者，皆绝其道，勿使并进。邪辟之说灭息，然后统纪可一而法度可明，民知所从矣。"

家虽也有政治社会学说，却无具体的办法，就是有，也不完备，赶不上儒家；在这建设时代，自然不能和儒学争胜。儒学的独尊，也是当然的。

最后两段说诸子的结束。从统一思想的需要说起，引出《吕氏春秋》，这是第一部完整的书，以道家为基调，化零为整，集合众长。再说到李斯焚书及其失败。接着介绍了效仿《吕氏春秋》的《淮南子》。最后重点介绍董仲舒和汉武帝使儒学统于一尊的行为，政治上开了从来未有的大局面，社会、经济也形成了新秩序，思想渐归于统一。

【参考资料】冯友兰《中国哲学史》第一篇。

拓展阅读

论六家要旨（节选）

《易大传》："天下一致而百虑，同归而殊涂。"夫阴阳、儒、墨、名、法、道德，此务为治者也，直所从言之异路，有省不省耳。

尝窃观阴阳之术，大祥而众忌讳，使人拘而多所畏；然其序四时之大顺，不可失也。

儒者博而寡要，劳而少功，是以其事难尽从；然其序君臣父子之礼，列夫妇长幼之别，不可易也。

　　墨者俭而难遵，是以其事不可遍循；然其强本节用，不可废也。

　　法家严而少恩；然其正君臣上下之分，不可改矣。

　　名家使人俭而善失真；然其正名实，不可不察也。

　　道家使人精神专一，动合无形，赡足万物。其为术也，因阴阳之大顺，采儒、墨之善，撮名、法之要，与时迁移，应物变化，立俗施事，无所不宜，指约而易操，事少而功多。

　　儒者则不然。以为人主天下之仪表也，主倡而臣和，主先而臣随。如此则主劳而臣逸。至于大道之要，去健羡，绌聪明，释此而任术。夫神大用则竭，形大劳则敝。形神骚动，欲与天地长久，非所闻也。

译文

　　《易大传》说："天下人追求相同而具体谋虑却多种多样，最终归向相同而路径不同。"阴阳家、儒家、墨家、名家、法家和道家，是致力于治的学说，只是他们所依从的学说之路不同，有的显明，有的不显明罢了。

我曾经研究过阴阳之术，发现它注重吉凶祸福的预兆，禁忌避讳很多，使人受到束缚并多有所畏惧；但阴阳家关于一年四季运行顺序的道理，是不可丢弃的。

儒家学说广博但少要领，辛劳却少功效，因此该学派的主张难以完全遵从；然而它所序列的君臣父子之礼，夫妇长幼之别，则是不可改变的。

墨家俭啬而难以依遵，因此该派的主张不能全部遵循；但它关于强本节用的主张，则是不可废弃的。

法家主张严刑峻法而刻薄寡恩；但它辨正君臣上下名分的主张，则是不可更改的。

名家使人受约束而失去本真；但它辨正名与实的关系，则是不能不清楚的。

道家使人精神专一，行动合乎无形之道，使万物丰足。道家之术是依据阴阳家关于四时运行顺序之说，吸收儒、墨两家好的地方，撮取名、法两家之精要，随着时势的发展而发展，顺应事物的变化而变化，树立良好风俗，应用于人事，无不适宜，意旨简约扼要而容易掌握，用力少而功效多。

儒家则不是这样。他们认为君主是天下人的表率，君主倡导，臣下应和，君主先行，臣下随从。这样一来，君主劳累而臣下却得安逸。至于大道的要旨，是舍弃刚强与贪欲，去掉聪明智慧，将这些放置一边而用智术治理天下。精神过度使用就会衰竭，身体过度劳累就会疲惫，身体和精神受到扰乱，不得安宁，却想要与天地共长久，则是从未听说过的事。

老子·第一章（节选）

> 道可道，非常道；名可名，非常名。无名，天地之始；有名，万物之母。故常无欲，以观其妙；常有欲，以观其徼。此两者同出而异名，同谓之玄。玄之又玄，众妙之门。

译文

道可言说，就不是常道。名可指称，就不是常名。无名，是天地的开始；有名，是万物之生母。所以一直无欲空虚，来体会大道之妙；一直有所追求，来体会大道的归终。有和无这两者，同出于玄而名称各异，同称为玄，神妙深奥，这就是众妙所出的地方。

墨子·节用（节选）

圣人为政一国，一国可倍也。大之为政天下，天下可倍也。其倍之，非外取地也，因其国家，去其无用之费，足以倍之。圣王为政，其发令、兴事、使民、用财也，无不加用而为者。是故用财不费，民德不劳，其兴利多矣。

译文

圣人在一国施政，一国的财利可加倍。大到施政于天下，天下的财利可加倍。这种财利的加倍，不是向外掠夺土地，而是根据国家情况，省去无用之费，足够使国家的财利加倍。圣王为政，他发布命令、兴建政事、遣用百姓、使用财货，无不是有益于实用才去做的。所以使用财货不多费，民力不劳苦，他成就的利益就多了。

辞赋第十一

题解

战国时屈原有《离骚》，荀卿有《赋篇》，此为辞赋之先河。至汉而赋体大盛，刘向将屈原等人所作编辑为《楚辞》一书。汉代以来，楚辞一直有重要地位，南朝文人大多认为《诗经》、楚辞是文学的两大源头而并称为"诗骚"或"风骚"。笼统地说，辞赋或赋，可以包括楚辞和其他后来的大赋等；区别地说，辞专指屈宋一类的作品，赋则与"登高能赋"和《诗经》六义"有关，注重铺陈排比，体物写志，尤以汉大赋为典型代表。汉赋注重文采之富美，铺采摛文，词必巧丽，甚至丢掉了讽谏劝戒的功用，陷于华艳淫丽。东汉以下，以行文骈散之异，分为俳赋、文赋。律赋则与唐宋以来的科举考试有关，于音律、对仗、押韵都有严格规定。

屈原是我国历史里永被纪念着的一个人。旧历五月五日端午节，相传便是他的忌日；他是投水死的，竞渡据说原来是表示救他的，粽子原来是祭他的。现在定五月五日为诗人节，也是为了纪念的缘故。他是个忠臣，而且是个缠绵悱恻[1]的忠臣；他是个节士，而且是个浮游尘外、清白不污的节士。"举世皆浊而我独清，众人皆醉而我独醒"[2]，他的身世是一出悲剧。可是他永生在我们的敬意尤其是我们的同情里。"原"是他的号，"平"是他的名字。他是楚国的贵族，怀王时候，作"左徒"的官。左徒好像现在的秘书。他很有学问，熟悉历史和政治，口才又好。一方面参赞国事[3]，一方面给怀王见客，办外交，头头是道。怀王很信任他。

当时楚国有亲秦、亲齐两派；屈原是亲齐派。秦国看见屈原得势，便派张仪买通了楚国的贵臣上官大夫、靳尚等，在怀王面前说他的坏话。怀王果然被他们所惑，将屈原放逐到汉北去。张仪便劝怀王和齐国绝交，说秦国答应割地六百里。楚和齐绝了交，张仪却说答应的是六里。怀王大怒，便举兵伐秦，不料大败而归。这时候想起屈原来了，将他召回，教他出使齐国。亲齐派暂时抬头。但是亲秦派不久又得势。怀王终于让秦国骗了去，拘留着，就死在那里。这件事是楚人最痛心的，屈原更不用说了。可是

1　缠绵悱恻，这里指内心忧郁纠结难以排解。也可形容诗文音乐等婉转凄切。

2　原注：《楚辞·渔父》。按：引句意为：全天下都混浊而我却独自清澈，大家都迷醉而我却独自清醒。

3　参赞国事，指参与、协助处理国家事务。

怀王的儿子顷襄王，却还是听亲秦派的话，将他二次放逐到江南去，他流浪了九年，秦国的侵略一天紧似一天；他不忍亲见亡国的惨象，又想以一死来感悟顷襄王，便自沉在汨罗江里。

开头两段说《离骚》的作者屈原。屈原是楚国的忠臣节士，有政治才能，因政治斗争被流放，最后自沉汨罗江。

《楚辞》中《离骚》和《九章》的各篇，都是他放逐时候所作。《离骚》尤其是千古流传的杰构。这一篇大概是二次被放时作的。他感念怀王的信任，却恨他糊涂，让一群小人蒙蔽着，播弄着。而顷襄王又不能觉悟；以致国土日削，国势日危。他自己呢，"信而见疑，忠而被谤"[4]，简直走投无路；满腔委屈，千端万绪的，没人可以诉说。终于只能告诉自己的一支笔，《离骚》便是这样写成的。"离骚"是"别愁"或"遭忧"的意思。[5]他是个富于感情的人，那一腔遏抑不住的悲愤，随着他的笔奔迸出来，"东一句，西一句，天上一句，地下一句"[6]，只是一片一段的，没有篇章可言。这和人在疲倦或苦痛的时候，叫"妈呀！""天哪！"

---

4 原注：《史记·屈原传》。按：引句意为："诚实却被怀疑，忠诚却被诽谤。"

5 原注：王逸《离骚经序》，班固《离骚赞序》。按：王逸《离骚经序》把"离骚"解释为"离，别也；骚，愁也"，班固《离骚赞序》把"离骚"解释为"离犹遭也；骚，忧也，明己遭忧作辞也"。

6 原注：刘熙载《艺概》中《赋概》。

一样；心里乱极了，闷极了，叫叫透一口气，自然是顾不到什么组织的。

篇中陈说唐、虞、三代的治，桀、纣、羿、浇[7]的乱，善恶因果，历历分明；用来讽刺当世，感悟君王。他又用了许多神话里的譬喻和动植物的譬喻，委曲的表达出他对于怀王的忠爱，对于贤人君子的向往，对于群小的深恶痛疾。他将怀王比作美人，他是"求之不得"，"辗转反侧"[8]；情辞凄切，缠绵不已。他又将贤臣比作香草。"美人香草"从此便成为政治的譬喻，影响后来解诗、作诗的人很大。汉淮南王刘安作《离骚传》说："《国风》好色而不淫，《小雅》怨诽而不乱，若《离骚》者，可谓兼之矣。"[9] "好色而不淫"似乎就指美人香草用作政治的譬喻而言；"怨诽而不乱"是怨而不怒的意思。虽然我们相信《国风》的男女之辞并非政治的譬喻，但断章取义[10]，淮南王的话却是《离骚》

7　桀，夏朝的最后一位君主。纣，商朝的最后一位君主。羿、浇，夏朝的两位贵族。他们在传说中均是肆行霸道、放纵淫乱的人。

8　"求之不得"，"辗转反侧"，出自《诗经·关雎》，描绘男子对一位心仪的淑女追求而不可得，翻来覆去，思念不已的情状。

9　原注：《史记·屈原传》。按：引句意为：《国风》虽然多写男女爱情，但不过分或失当。《小雅》虽然多讥讽指责，但并不宣扬作乱。《离骚》可以说是兼有二者的特点了。

10　断章取义，指只截取某一章或某一句来表达意见，而不顾所引诗句或全篇的原意，是先秦用《诗》的重要方法，见《左传·襄公二十八年》。

的确切评语。

以上两段说《离骚》。介绍了《离骚》的写作背景、篇题意思、主体内容、思想情感、风格特点。

《九章》的各篇原是分立的，大约汉人才合在一起，给了"九章"的名字。这里面有些是屈原初次被放时作的，有些是二次被放时作的。差不多都是"上以讽谏，下以自慰"[11]；引史事，用譬喻，也和《离骚》一样。《离骚》里记着屈原的世系和生辰，这几篇里也记着他放逐的时期和地域；这些都可以算是他的自叙传。他还作了《九歌》《天问》《远游》《招魂》等，却不能算自叙传，也"不皆是怨君"[12]；后世都说成怨君，便埋没了他的别一面的出世观了。他其实也是一"子"，也是一家之学。这可以说是神仙家，出于巫[13]。《离骚》里说到周游上下四方，驾车的动物，驱使的役夫，都是神话里的。《远游》更全是说的周游上下四方的乐处。这种游仙的境界，便是神仙家的理想。

《远游》开篇说"悲时俗之迫厄兮，愿轻举而远游"[14]，

11 　原注：王逸《楚辞章句·序》。按：引句意为：向上用来讽谏，向下用来自我宽慰。

12 　原注：《朱子语类》一四〇。

13 　巫，古代称能以舞降神的人。

14 　引句意为：悲伤时俗对人的扼杀，想飞翔而至远方周游。

篇中又说"临不死之旧乡"[15]。人间世太狭窄了，也太短促了，人是太不自由自在了。神仙家要无穷大的空间，所以要周行无碍；要无穷久的时间，所以要长生不老。他们要打破现实的、有限的世界，用幻想创出一个无限的世界来。在这无限的世界里，所有的都是神话里的人物；有些是美丽的，也有些是丑怪的。《九歌》里的神大都可爱；《招魂》里一半是上下四方的怪物，说得顶怕人的，可是一方面也奇诡可喜。因为注意空间的扩大，所以对于天地、山川、日月、星辰，在在[16]都有兴味。《天问》里许多关于天文地理的疑问，便是这样来的。一面惊奇天地之广大，一面也惊奇人事之诡异——善恶因果，往往有不相应的；《天问》里许多关于历史的疑问，便从这里着眼。这却又是他的入世观了。

以上两段写《九章》《九歌》《天问》《远游》《招魂》等篇章。点出这些内容也不全是怨君，而有神仙家的出世的一面，尤其体现在《远游》用幻想创出一个无限的世界来。开阔广大的兴趣使得屈原对天地自然及历史人文产生疑问，表现为《天问》一篇，这一定程度上也是屈原入世的另一面。

要达到游仙的境界，须要"虚静以恬愉""无为而自

15　"临不死之旧乡"，此句中"临"多作"留"，意为：停留在这长生不死的仙乡。

16　在在，指处处，到处。

得"[17]，还须导引养生的修炼工夫，这在《远游》里都说了。屈原受庄学的影响极大。这些都是庄学；周行无碍[18]，长生不老，以及神话里的人物，也都是庄学。但庄学只到"我"与自然打成一片而止，并不想创造一个无限的世界；神仙家似乎比庄学更进了一步。神仙家也受阴阳家的影响；阴阳家原也讲天地广大，讲禽兽异物的。阴阳家是齐学。齐国滨海，多有怪诞的思想。屈原常常出使到那里，所以也沾了齐气。还有齐人好"隐"。"隐"是"遁词以隐意，谲譬以指事"[19]，是用一种滑稽的态度来讽谏。淳于髡可为代表。楚人也好"隐"。屈原是楚人，而他的思想又受齐国的影响，他爱用种种政治的譬喻，大约也不免沾点齐气。但是他不取滑稽的态度，他是用一副悲剧面孔说话的。《诗大序》所谓"谲谏"[20]，所谓"言之者无罪，闻之者足以戒"[21]，倒是合式的说明。至于像《招魂》里的铺张排比，也许是

---

17 "虚静以恬愉"，指清虚宁静中自有愉悦。"无为而自得"，指淡泊无为而悠然自得。

18 周行无碍，指四处巡行没有阻碍。

19 原注：《文心雕龙·谐隐》篇。按《文心雕龙·谐隐》："隐者，隐也，遁词以隐意，谲譬以指事。"意思是：隐，就是隐藏，用曲折的言辞把意思隐藏起来，用委婉的比喻来暗示事情。

20 谲谏，以旁敲侧击的方式委婉地对君主尊长进行劝谏。

21 引句意为：提意见的人只要是善意的，即使提得不正确，也是无罪的。听取意见的人即使没有对方所提的缺点错误，也值得引以为戒。

纵横家[22]的风气。

以上一段写屈原的思想渊源，主要有庄学、神仙家、阴阳家，并染有齐气，在《招魂》里还表现出纵横家的风气。

《离骚》各篇多用"兮"字足句，句逗[23]以参差不齐为主。"兮"字足句，三百篇中已经不少；句逗参差，也许是"南音"的发展。"南"本是南乐的名称；三百篇中的二《南》[24]，本该与《风》《雅》《颂》分立为四。二《南》是楚诗，乐调虽已不能知道，但和《风》《雅》《颂》必有异处。从二《南》到《离骚》，现在只能看出句逗由短而长、由齐而畸[25]的一个趋势；这中间变迁的轨迹，我们还能找到一些，总之，决不是突如其来的。这句逗的发展，大概多少有音乐的影响。从《汉书·王褒传》可以知道楚辞的诵读是有特别的调子的[26]，这正是音乐的影响。屈原诸作奠定了这种体制，模拟的日见其多。就中最出色的是宋玉，他作

22　纵横家，战国时学派之一。此派人物多智谋与辩才，以游说见长，代表人物如苏秦、张仪等。

23　句逗，同"句读"。古时称文词停顿的地方为"句"或"读"。连称"句读"时，句是语意完整的一小段，读是句中的语意未完、语气可停的更小的一段。

24　二《南》，指《诗经·国风》中的《周南》和《召南》。

25　由齐而畸，句式由整齐变成参差不齐。

26　原注：《汉书·王褒传》："宣帝时……征能为《楚辞》九江被公召见诵读。"

了《九辩》。宋玉传说是屈原的弟子；《九辩》的题材和体制都模拟《离骚》和《九章》，算是代屈原说话，不过没有屈原那样激切罢了。宋玉自己可也加上一些新思想；他是第一个描写"悲秋"[27]的人。还有个景差，据说是《大招》的作者；《大招》是模拟《招魂》的。

以上一段说《离骚》句式的来源和流变。《离骚》用"兮"字足句，《诗经》中也有；参差不齐，可能是南音的发展。《九辩》和《大招》，都是对屈原的模拟。

到了汉代，模拟《离骚》的更多，东方朔、王褒、刘向、王逸都走着宋玉的路。大概武帝时候最盛，以后就渐渐的差了。汉人称这种体制为"辞"，又称为"楚辞"。刘向将这些东西编辑起来，成为《楚辞》一书。东汉王逸给作注，并加进自己的拟作，叫作《楚辞章句》。北宋洪兴祖又作《楚辞补注》。《章句》和《补注》合为《楚辞》标准的注本。但汉人又称《离骚》等为"赋"。《史记·屈原传》说他"作《怀沙》之赋"；《怀沙》是《九章》之一，本无"赋"名。《传》尾又说："宋玉、唐勒、景差之徒，皆好辞而以赋见称。"《汉书·艺文志·诗赋略》列"屈原赋二十五篇"，就是《离骚》等。大概"辞"是后来的名

27　宋玉《九辩》第一句为："悲哉！秋之为气也。萧瑟兮，草木摇落而变衰。"悲秋，指对萧瑟秋景而伤感。中国古代文人常把秋景秋物、秋声秋色，与自己的落魄不得志结合，表达抑郁哀怨、感伤忧愤的情感。

字，专指屈、宋一类作品；赋虽从辞出，却是先起的名字，在未采用"辞"的名字以前，本包括"辞"而言。所以浑言称"赋"，称"辞赋"，分言称"辞"和"赋"。[28]后世引述屈、宋诸家，只通称"楚辞"，没有单称"辞"的。但却有称"骚""骚体""骚赋"的，这自然是"离骚"的影响。

以上一段总结上文对楚辞的介绍，引出下文对赋的介绍。汉人把屈原、宋玉所作的这类体制称为"辞"，不过在行文的时候，也会把它们称为"赋"。笼统地说，屈原、宋玉所作的这类体制称"赋"或"辞赋"都可以；区别地说，屈原、宋玉所作的这类体制称"辞"，下文所说称"赋"。

荀子的《赋篇》最早称"赋"。篇中分咏"礼""知""云""蚕""箴"（针）五件事物，像是谜语；其中颇有讽世的话，可以说是"隐"[29]的支流余裔。荀子久居齐国的稷下，又在楚国作过县令，死在那里。他的好"隐"，也是自然的。《赋篇》总题分咏，自然和后来的赋不同，但是安排客主，问答成篇，却开了后来赋家的风气。荀赋和屈辞原来似乎各是各的；这两体的合一，也许是在贾谊手里。贾谊是荀卿的再传弟子，他的境遇却近于屈原，又久居屈

28　浑言，指合在一起笼统地说。分言，指分开来区别地说，也叫"析言"。

29　隐，隐语，即通过暗射文字或事物引发读者的思考和联想。

原的故乡；很可能的，他模拟屈原的体制，却袭用了荀卿的"赋"的名字。这种赋日渐发展，屈原诸作也便被称为"赋"；"辞"的名字许是后来因为拟作多了，才分化出来，作为此体的专称的。"辞"本是"辩解的言语"的意思，用来称屈、宋诸家所作，倒也并无不合之处。

以上一段介绍荀子《赋篇》和贾谊对辞、赋二体合一的推动，对辞、赋二体再稍加辨析。荀子《赋篇》是最早称"赋"的，有"隐"的痕迹，主客问答成篇，开后来赋家风气。贾谊可能是把荀赋和屈辞两体合一的人。

《汉书·艺文志·诗赋略》分赋为四类。"杂赋"十二家是总集，可以不论。屈原以下二十家，是言情之作。陆贾以下二十一家，已佚，大概近于纵横家言。就中"陆贾赋三篇"，在贾谊之先；但作品既不可见，是他自题为赋，还是后人追题，不能知道，只好存疑了。荀卿以下二十五家，大概是叙物明理[30]之作。这三类里，贾谊以后各家，多少免不了屈原的影响，但已渐有散文化的趋势；第一类中的司马相如便是创始的人。——托为屈原作的《卜居》《渔父》，通篇散文化，只有几处用韵，似乎是《庄子》和荀赋的混合体制，又当别论。——散文化更容易铺张些。"赋"本是"铺"的意思，铺张倒是本来面目。可是铺张的作用原在讽

30　叙物明理，指描绘事物，阐明道理。

谏；这时候却为铺张而铺张，所谓"劝百而讽一"³¹。当时汉武帝好辞赋，作者极众，争相竞胜，所以致此。扬雄说"诗人之赋丽以则，辞人之赋丽以淫"³²；"诗人之赋"便是前者，"辞人之赋"便是后者。甚至有诙谐嫚（màn）戏³³，毫无主旨的。难怪辞赋家会被人鄙视为倡优³⁴了。

东汉以来，班固作《两都赋》，"极众人之所眩曜，折以今之法度"³⁵；张衡仿他作《二京赋》。晋左思又仿作《三都赋》。这种赋铺叙历史地理，近于后世的类书³⁶；是陆贾、荀卿两派的混合，是散文的更进一步。这和屈、贾言情之作，却迥不相同了。此后赋体渐渐缩短，字句却整炼³⁷起来。那时期一般诗文都趋向排偶化，赋先是领着走，后来是跟着走；作赋专重写景述情，务求精巧，不再用来讽谏。

31　原注：《汉书·司马相如传赞》引扬雄语。按：引句意为：劝诱奢靡的言辞多而规讽正道的言辞少。

32　原注：《法言·吾子》篇。按：引句意为：诗人的赋词采富丽而符合儒家标准，辞人的赋词采富丽却流于过多藻绘。

33　诙谐嫚戏，指说笑话、戏语。

34　倡优，古代称以音乐歌舞或杂技戏谑娱人的艺人。《汉书》记载，"上颇俳优畜之"，蔡邕上书言事，也说为辞赋者"有类俳优"。

35　原注：《两都赋·序》。按：引句意为：极力描写令众人眼花缭乱的西都长安的奢丽景况，并用当今东都的制度使西都耆老折服。

36　类书，我国古代一种大型的资料性书籍。辑录各种书中的材料，按门类、字韵等编排以备查检，例如《太平御览》《古今图书集成》。

37　整炼，工整而洗炼。

这种赋发展到齐、梁、唐初为极盛，称为"俳体"[38]的赋。"俳"是游戏的意思，对讽谏而言；其实这种作品倒也并非滑稽嫚戏之作。唐代古文运动起来，宋代加以发挥光大，诗文不再重排偶而趋向散文化，赋体也变了。像欧阳修的《秋声赋》，苏轼的前、后《赤壁赋》，虽然有韵而全篇散行，排偶极少，比《卜居》《渔父》更其散文的。这称为"文体"[39]的赋。唐、宋两代，以诗赋取士，规定程式[40]。那种赋定为八韵，调平仄，讲对仗；制题新巧，限韵险难。[41]这只是一种技艺罢了。这称为"律赋"。对"律赋"而言，"俳体"和"文体"的赋都是"古赋"；这"古赋"的名字和"古文"的名字差不多，真正"古"的如屈、宋的辞，汉人的赋，倒是不包括在内的。赋似乎是我国特有的体制；虽然有韵，而就它全部的发展看，却与文近些，不算是诗。

38　原注："俳体"的名称，见元祝尧《古赋辨体》。按：这里的"俳"应该是排偶、骈俪的意思。

39　原注："文体"的名称，见元祝尧《古赋辨体》。按：祝尧在司马相如《子虚赋》下梳理赋体流变说："问答之体，其源出自《卜居》《渔父》，宋玉辈述之。至汉而盛，首尾是文，中间乃赋。世传既久，变而又变。其中间之赋，以铺张为靡而专于辞者，则流为齐梁唐初之俳体；其首尾之文，以议论为便而专于理者，则流为唐末及宋之文体。"

40　程式，指文章特定的格式。

41　调平仄，平指四声中的平声，仄指四声中的上、去、入三声，旧体诗词和骈文用字需平仄交替，使声调谐协，谓之调平仄。限韵，诗赋取士规定作诗的用韵。险难，指韵部统字少并险僻难押。

最后两段叙述赋史。从《汉书·艺文志·诗赋略》所记四类赋切入，对其所记各体进行分析，指出赋的"铺张"的特点，到汉武帝时为铺张而铺张，变成"劝百而讽一"，招致批评。东汉京殿苑猎之赋铺叙历史地理，与言情之作大不相同。此后赋走向排偶，务求精巧，这种赋称为俳赋。随着古文运动兴起，赋有全篇散行、排偶极少的，称为文赋。另外还有因科举而形成的律赋，程式严密。

【参考资料】游国恩《读骚论微初集》。

拓展阅读

离骚（节选）

扈江离与辟芷兮，纫秋兰以为佩。汨余若将不及兮，恐年岁之不吾与。朝搴阰之木兰兮，夕揽洲之宿莽。日月忽其不淹兮，春与秋其代序。惟草木之零落兮，恐美人之迟暮。不抚壮而弃秽兮，何不改乎此度？乘骐骥以驰骋兮，来吾道夫先路。

译文

（我）把江离与芷草披肩上，把秋兰结成索佩挂身旁。光阴流逝我好像跟不上，岁月不待人令我心慌。早晨我在大坡采集木兰，傍晚在小洲摘取宿莽。时光迅速逝去不稍停留，春与秋更相交替。想到草木已经零落，生怕美人也会步入晚年。为什么不趁壮年时抛弃污秽，为何还不改变这些法度？乘上骏马纵横奔驰，来吧，我在前面引导开路。

楚辞·渔父

屈原既放，游于江潭，行吟泽畔，颜色憔悴，形容枯槁。渔父见而问之曰："子非三闾大夫与？何故至于斯？"屈原曰："举世皆浊我独清，众人皆醉我独醒，是以见放。"

渔父曰："圣人不凝滞于物，而能与世推移。世人皆浊，何不淈其泥而扬其波？众人皆醉，何不餔（bù）其糟而歠（chuò）其醨（shī）？何故深思高举，自令放为？"

屈原曰："吾闻之：新沐者必弹冠，新浴者必振衣。安能以身之察察，受物之汶汶者乎？宁赴湘流，葬于江鱼之腹中。安能以皓皓之白，而蒙世俗之尘埃乎？"

渔父莞尔而笑，鼓枻而去，乃歌曰："沧浪之水清兮，可以濯吾缨；沧浪之水浊兮，可以濯吾足。"遂去，不复与言。

译文

屈原被放逐后，在江边游荡，边走边吟咏，面色憔悴，模样枯瘦。渔父见了，问他道："您不是三闾大夫么？为什么沦落到这步田地？"屈原说："世上的人都混浊，只有我清白，大家都醉了，只有我清醒，因此被放逐。"

渔父说："圣人不拘泥于外界，而能随着世道一起变化。世上的人都浑浊，你何不搅浑泥水、扬起浊波？大家都醉了，你何不吃酒糟、喝薄酒？为什么想得过深又自命清高，让自己被放逐呢？"

屈原说："我听说：新洗过头定会弹弹帽子，新洗过澡定会抖抖衣服。怎能让清白的身体蒙受外界的污浊呢？我宁愿跳入湘江，葬在江鱼腹中。怎么能让晶莹剔透的纯洁之身，蒙上世俗的尘埃呢？"

渔父听了，微微一笑，摇起船桨动身离去。唱道："沧浪之水清啊，可以用来洗我的帽缨；沧浪之水浊啊，可以用来洗我的脚。"便离去了，不再同屈原说话。

诗第十二

题解

　　《经典常谈》序文中，朱自清先生说："诗、文两篇，却还只能叙述源流；因为书太多了，没法子一一详论，而集部书的问题，也不像经、史、子的那样重要，在这儿也无需详论。"本篇就仅叙述了诗歌的源流。《〈诗经〉第四》中已经对诗的起源、歌谣以及《诗经》做了介绍，本篇便以汉乐府作为起点，梳理汉、魏、晋、南北朝、唐、宋诗歌史。梳理过程中，格外注重诗人与过往诗歌史的源流关系，以此显示历代诗歌的新变和发展，这与朱自清先生的文学史观及《经典常谈》撰写背景都有关联。

　　汉武帝立乐府，采集代、赵、秦、楚的歌谣和乐谱；教李延年作协律都尉[1]，负责整理那些歌辞和谱子，以备传习唱奏。当时乐府里养着各地的乐工好几百人，大约便是

1　协律都尉，乐官名，掌管校正乐律，调和律吕。

演奏这些乐歌的。歌谣采来以后，他们先审查一下。没有谱子的，便给制谱；有谱子的，也得看看合式不合式，不合式的地方，便给改动一些。这就是"协律"的工作。歌谣的"本辞"[2]合乐时，有的保存原来的样子，有的删节，有的加进些复沓的甚至不相干的章句。"协律"以乐为主，只要合调；歌辞通不通，他们是不大在乎的。他们有时还在歌辞里夹进些泛声[3]；"辞"写大字，"声"写小字。但流传久了，声辞混杂起来，后世便不容易看懂了。这种种乐歌，后来称为"乐府诗"，简称就叫"乐府"。北宋太原郭茂倩收集汉乐府以下历代合乐的和不合乐的歌谣，以及模拟之作，成为一书，题作《乐府诗集》；他所谓"乐府诗"，范围是很广的。就中[4]汉乐府，沈约《宋书·乐志》特称为"古辞"。

汉乐府的声调和当时称为"雅乐"的《三百篇》不同，所采取的是新调子。这种新调子有两种："楚声"[5]和"新声"。屈原的辞可为楚声的代表。汉高祖是楚人，喜欢楚声；楚声比雅乐好听。一般人不用说也是喜欢楚声的。楚声便成了风气。武帝时乐府所采的歌谣，楚以外虽然还有代、赵、

2　本辞，大致是指未经乐工加工过的歌词。

3　泛声，演奏时为使乐音和谐合于节奏，配衬轻弹缓奏的虚声，也叫散声或和声。

4　就中，其中。

5　楚声，战国秦汉间楚地的音乐，也泛指长江中游、汉水一带以至徐、淮间的音乐。

秦各地的，但声调也许差不很多。那时却又输入了新声；新声出于西域和北狄⁶的军歌。李延年多采取这种调子唱奏歌谣，从此大行⁷，楚声便让压下去了。楚声的句调比较雅乐参差得多，新声的更比楚声参差得多。可是楚声里也有整齐的五言，楚调曲里各篇更全然如此，像著名的《白头吟》《梁甫吟》《怨歌行》都是的。⁸这就是五言诗的源头。

汉乐府以叙事为主。所叙的社会故事和风俗最多，历史及游仙⁹的故事也占一部分。此外便是男女相思和离别之作，格言式的教训，人生的慨叹等等。这些都是一般人所喜欢的题材。用一般人所喜欢的调子，歌咏一般人所喜欢的题材，自然可以风靡一世。哀帝即位，却以为这些都是不正经的乐歌，他废了乐府，裁了多一半乐工——共四百四十一人，——大概都是唱奏各地乐歌的。当时颇想恢复雅乐，但没人懂得，只好罢了。不过一般人还是爱好那些乐歌。这风气直到汉末不变。东汉时候，这些乐歌已经普遍化，文人仿作的渐多；就中也有仿作整齐的五言的，

---

6 北狄，原指古代的狄族。因其主要居住于北方，故称。后指对北方各少数民族的泛称。

7 大行，指普遍流行。

8 原注：以上参用朱希祖《汉三大乐府调辨》(《清华学报》四卷二期) 说。

9 游仙，指漫游仙界。

像班固的《咏史》[10]。但这种五言的拟作极少；而班固那一首也未成熟，锺嵘在《诗品序》里评为"质木无文"[11]，是不错的。直到汉末，一般文体都走向整炼一路，试验这五言体的便多起来；而最高的成就是《文选》[12]所录的《古诗十九首》。

开头三段介绍汉乐府。乐府机构的设立，是为了采集、整理各地歌谣和乐谱，注重乐调协律。汉乐府的声调主要是楚声和新声，楚声里有些整齐的五言，可以看作五言诗的源头。汉乐府用一般人喜欢的调子，写一般人喜欢的题材，风靡一世，得到普遍化的乐歌引起了文人仿作，其中成就最高的就是《古诗十九首》。

旧传最早的五言诗，是《古诗十九首》和苏武、李陵诗；说"十九首"里有七首是枚乘作的，和苏、李诗都出现于汉武帝时代。但据近来的研究，这十九首古诗实在都是汉末的作品；苏、李诗虽题了苏、李的名字，却不合于他们的事迹，从风格上看，大约也和"十九首"出现在差不多的时候。这十九首古诗并非一人之作，也非一时之作，但都模拟言情的乐府。歌咏的多是相思离别，以及人生无

10　班固《咏史》诗："三王德弥薄，惟后用肉刑。太苍令有罪，就递长安城。自恨身无子，困急独茕茕。小女痛父言，死者不可生。上书诣北阙，阙下歌鸡鸣。忧心摧折裂，晨风扬激声。圣汉孝文帝，恻然感至情。百男何愦愦，不如一缇萦。"

11　质木无文，指诗文质朴而少文采。

12　《文选》，南朝梁萧统编选先秦至梁的各体文章，取名《文选》，又称《昭明文选》，是我国现存最早的诗文总集。

常、当及时行乐的意思；也有对于邪臣当道、贤人放逐、朋友富贵相忘、知音难得等事的慨叹。这些都算是普遍的题材；但后一类是所谓"失志"[13]之作，自然兼受了《楚辞》的影响。锺嵘评古诗，"可谓几乎一字千金"；因为所咏的几乎是人人心中所要说的，却不是人人口中、笔下所能说的，而又能够那样平平说出，曲曲说出，所以是好。"十九首"只像对朋友说家常话，并不在字面上用工夫，而自然达意，委婉尽情，合于所谓"温柔敦厚"的诗教[14]。到唐为止，这是五言诗的标准。

以上一段介绍《古诗十九首》。先辨析了《古诗十九首》及苏武、李陵诗的作者与写作年代，再介绍其思想内容、语言风格：将普遍的题材、人所共有的情感，平平说出，曲曲说出，自然达意，委婉尽情。《古诗十九首》被看作五言诗的标准和冠冕。

汉献帝建安年间（西元一九六—二一九），文学极盛，曹操和他的儿子曹丕、曹植两兄弟是文坛的主持人；而曹植更是个大诗家。这时乐府声调已多失传，他们却用乐府旧题，改作新词；曹丕、曹植兄弟尤其努力在五言体上。他们一班人也作独立的五言诗。叙游宴，述恩

13　失志，指失意不得志。

14　原注："诗教"见《礼记·经解》。按：《礼记·经解》："入其国，其教可知也。其为人也，温柔敦厚，诗教也。"温柔敦厚，孔子提出的儒家诗教观念之一，认为这是《诗经》的基本精神和教育意义之所在，指诗文所反映的内容及风格温柔宽厚、委婉含蓄。

荣15, 开后来应酬一派。但只求明白诚恳, 还是歌谣本色。就中曹植在曹丕作了皇帝之后, 颇受猜忌, 忧患的情感, 时时流露在他的作品里。诗中有了"我", 所以独成大家。这时候五言作者既多, 开始有了工拙的评论; 曹丕说刘桢"五言诗之善者, 妙绝时人"16, 便是例子。但真正奠定了五言诗的基础的是魏代的阮籍, 他是第一个用全力作五言诗的人。

阮籍是老、庄和屈原的信徒。他生在魏、晋交替的时代, 眼见司马氏三代专权, 欺负曹家, 压迫名士, 一肚皮牢骚只得发泄在酒和诗里。他作了《咏怀诗》八十多首, 述神话, 引史事, 叙艳情17, 托于鸟兽草木之名, 主旨不外说富贵不能常保, 祸患随时可至, 年岁有限, 一般人钻在利禄的圈子里, 不知放怀远大, 真是可怜之极。他的诗充满了这种悲悯的情感, "忧思独伤心"18一句可以表见。这里《楚辞》的影响很大; 锺嵘说他"源出于《小雅》", 似乎是皮相之谈19。本来五言诗自始就脱不了《楚辞》的影响, 不过他尤其如此。他还没有用心

15　恩荣, 指所受恩宠荣耀。

16　原注:《与吴质书》。按: 这是称赞刘桢五言诗高妙超过同时之人。

17　艳情, 旧指男女爱情。

18　原注:《咏怀》第一首。

19　皮相之谈, 指只触及表面、未能深入本质的肤浅见解。

琢句；但语既浑括，譬喻又多，旨趣更往往难详。[20]这许是当时的不得已，却因此增加了五言诗文人化的程度。他是这样扩大了诗的范围，正式成立了抒情的五言诗。

以上两段说汉魏诗。建安诗人大量写作五言诗，叙游宴，述恩荣，开应酬诗的先路。其中曹植诗中有"我"，独成大家。诗歌品评也在此时开始出现。阮籍《咏怀诗》充满悲悯的情感，旨意遥深，增加了五言诗文人化的程度。

晋代诗渐渐排偶[21]化、典故化。就中左思的《咏史》诗，郭璞的《游仙诗》，也取法《楚辞》，借古人及神仙抒写自己的怀抱，为后世所宗。郭璞是东晋初的人。跟着就流行了一派玄言诗[22]。孙绰、许询是领袖。他们作诗，只是融化老、庄的文句，抽象说理，所以锺嵘说像"道德论"[23]。这种诗千篇一律，没有"我"；《兰亭集诗》各人所作四言、五言各一首，都是一个味儿，正是好例。但在这种影响下，却孕育了陶渊明和谢灵运两个大诗人。陶渊明，浔阳柴桑人，作了几回小官，觉得作官不自由，

20　浑括，指概括、总括。旨趣，指宗旨、目的和意图。

21　排偶，指文章词语文句排比对偶。

22　玄言诗，一种以阐释老庄和佛教哲理为主要内容的诗歌，约起于西晋之末，盛行于东晋。其特点是以玄理入诗，离社会生活较远。

23　原注：《诗品·序》。

（元）佚名绘陶渊明像

终于回到田园，躬耕自活。他也是老、庄的信徒，从躬耕里领略到自然的恬美和人生的道理。他是第一个人将田园生活描写在诗里。他的躬耕免祸的哲学也许不是新的，可都是他从现实生活里体验得来的，与口头的玄理不同，所以亲切有味。诗也不妨说理，但须有理趣，他的诗能够作到这一步。他作诗也只求明白诚恳，不排不典[24]；他的诗是散文化的。这违反了当时的趋势，所以《诗品》只将他放在中品里。但他后来确成了千古"隐逸诗人之宗"[25]。

谢灵运，宋时作到临川太守。他是有政治野心的，可是不得志。他不但是老、庄的信徒，也是佛的信徒。他最爱游山玩水，常常领了一群人到处探奇访胜；他的自然的哲学和出世的哲学教他沉溺在山水的清幽里。他

24　不排不典，指不用排偶，不用典故。

25　原注：《诗品》论陶语。

是第一个在诗里用全力刻划山水的人；他也可以说是第一个用全力雕琢字句的人。他用排偶，用典故，却能创造新鲜的句子；不过描写有时不免太繁重罢了。他在赏玩山水的时候，也常悟到一些隐遁的、超旷的人生哲理[26]；但写到诗里，不能和那精巧的描写打成一片，像硬装进去似的。这便不如陶渊明的理趣足，但比那些"道德论"自然高妙得多。陶诗教给人怎样赏味田园，谢诗教给人怎样赏味山水；他们都是发现自然的诗人。陶是写意，谢是工笔。[27]谢诗从制题到造句，无一不是工笔。他开了后世诗人着意描写的路子；他所以成为大家，一半也在这里。

以上两段说晋诗。左思的《咏史》诗，郭璞的《游仙诗》，借古人和神仙抒写自己怀抱。玄言诗千篇一律，理过其辞，淡乎寡味。陶渊明和谢灵运是晋代成就最高的诗人。陶渊明的诗不排不典，明白诚恳，亲切有味。谢灵运的诗用排偶，用典故，雕琢精巧，穷力追新。陶是写意，谢是工笔，两人都是发现自然的诗人，都是大家。

齐武帝永明年间（西元四八三—四九三），"声律说"

---

26 隐遁，隐居山野，逃避尘世。超旷，高远旷达。

27 写意，艺术家忽略艺术形象的外在逼真性，而强调其内在精神实质表现的艺术创作倾向和手法。起源于中国画的一种画法。不求工细形似，只求以精练之笔勾勒景物的神态，抒发作者的意趣。工笔，与"写意"相对，崇尚写实，求形似，工整细致。

大盛。四声[28]的分别，平仄[29]的性质，双声叠韵[30]的作用，都有人指出，让诗文作家注意。从前只着重句末的韵，这时更着重句中的"和"[31]；"和"就是念起来顺口，听起来顺耳。从此诗文都力求谐调[32]，远于语言的自然。这时的诗，一面讲究用典，一面讲究声律，不免侧重技巧的毛病。到了梁简文帝，又加新变，专咏艳情，称为"宫体"，诗的境界更狭窄了。这种形式与题材的新变，一直影响到唐初的诗。这时候七言的乐歌渐渐发展。汉、魏文士仿作乐府，已经有七言的，但只零星偶见，后来舞曲里常有七言之作。到了宋代，鲍照有《行路难》十八首，人生的感慨颇多，

---

28 四声，对古汉语四类声调的称呼，即平声、上声、去声、入声，总称"四声"。古汉语平声字对应普通话里的阴平和阳平，即第一声、第二声，上声对应第三声，去声对应第四声。古汉语的入声，其声短促，一发即收，普通话中没有入声，原来的入声字被派到其他声调里去了。有些方言现在还保留着入声，如粤语、闽南话、客家话、吴语等。

29 平仄，是中国诗词中用字的声调。"平"指平直，"仄"指曲折。中古汉语有四种声调，合称"平上去入"。除了平声，其余三种声调有变化，故统称为仄声。诗词中平仄的运用有一定格式，称为格律。平声和仄声，代指由平仄构成的诗文的韵律。

30 双声叠韵，汉语的一种声韵现象。一个双音节词中两个字的古声母相同是双声，古韵母相同是叠韵。例如杜甫的七言律诗《宿府》中的"风尘荏苒音书绝，关塞萧条行路难"，其中"荏苒"二字是双声，"萧条"二字是叠韵。

31 句中的"和"，见《文心雕龙·声律》："异音相从谓之和，同声相应谓之韵。"和，指句中各字不同声调的交替配合。

32 谐调，指符合声调格律。

和舞曲描写声容的不一样，影响唐代的李白、杜甫很大。但是梁以来七言的发展，却还跟着舞曲的路子，不跟着鲍照的路子。这些都是宫体的谐调。

以上一段讲齐梁诗。永明间诗体的最大变化是声律说的兴起，注重四声平仄、双声叠韵，诗句不仅重韵，还开始讲究句中各字的配合。梁时出现宫体诗，专咏艳情，影响到唐初。七言诗则有南朝宋的鲍照所作《行路难》十八首，影响了唐代的李白、杜甫。

唐代谐调发展，成立了律诗绝句，称为近体[33]；不是谐调的诗，称为古体[34]；又成立了古、近体的七言诗。古体的五言诗也变了格调，这些都是划时代的。初唐时候，大体上还继续着南朝的风气，辗转在艳情的圈子里。但是就在这时候，沈佺期、宋之问奠定了律诗的体制。南朝论声律，只就一联两句说；沈、宋却能看出谐调有四种句式。两联四句才是谐调的单位，可以称为周期。这单位后来写成"仄仄平平仄　平平仄仄平　平平平仄仄　仄仄仄平平"的谱。沈、宋在一首诗里用两个周期，就是重叠一次；这样，声调便谐和富厚，又不致单调。这就是八句的律诗。律有

33　近体，近体诗，又称今体诗或格律诗，唐人称之为"新诗"或"新体诗"，是唐代形成的律诗和绝句的通称。这种诗体对句数、字数、平仄、押韵都有严密的格式和规律的限制。

34　古体，古体诗，是与近体诗相对而言的诗体，也称古诗、古风。指近体诗形成前的各种诗歌体裁，古体诗格律自由，不要求对仗、平仄，押韵较自由，篇幅长短不限。

"声律""法律"³⁵两义。律诗体制短小，组织必须经济，才能发挥它的效力；"法律"便是这个意思。但沈、宋的成就只在声律上，"法律"上的进展，还等待后来的作家。

以上一段说初唐诗。初唐诗最大的成绩是奠定了近体诗的体制，律诗的平仄格律在沈佺期、宋之问等人手中得以确定。在作诗方法的规律的探索上，还有待后人。

宫体诗渐渐有人觉得腻味了；陈子昂、李白等说这种诗颓靡浅薄，没有价值。他们不但否定了当时古体诗的题材，也否定了那些诗的形式。他们的五言古体，模拟阮籍的《咏怀》，但是失败了。一般作家却只大量的仿作七言的乐府歌行，带着多少的排偶与谐调。——当时往往就这种歌行里截取谐调的四句入乐奏唱。——可是李白更撇开了排偶和谐调，作他的七言乐府。李白，蜀人，明皇时作供奉翰林；触犯了杨贵妃，不能得志。他是个放浪不羁的人，便辞了职，游山水，喝酒，作诗。他的乐府很多，取材很广，他是藉着乐府旧题来抒写自己生活的。他的生活态度是出世的；他作诗也全任自然。人家称他为"天上谪仙人"³⁶；这说明了他的人和他的诗。他的歌行增进了七言诗的价值；但他的绝句更代表着新制。绝句是五言或七言的四

35　法律，这里指作诗的方法上的规律，与前文提到的"声律"即作诗的声调上的规律相对。

36　原注：原是贺知章语，见《旧唐书·李白传》。

句，大多数是谐调。南北朝民歌中，五言四句的谐调最多，影响了唐人；南朝乐府里也有七言四句的，但不太多。李白和别的诗家纷纷制作，大约因为当时输入的西域乐调宜于这体制，作来可供宫庭及贵人家奏唱。绝句最短小，贵含蓄，忌说尽。李白所作，自然而不觉费力，并且暗示着超远的境界；他给这新体诗立下了一个标准。

以上一段说盛唐诗人李白。李白成就最高的是七言乐府和绝句。他以乐府旧题写自己生活，不用排偶和声律，变化多端。他的绝句轻松自然，含蓄超远。

但是真正继往开来的诗人是杜甫。他是河南巩县人。安禄山陷长安，肃宗在灵武即位，他从长安逃到灵武，作了"左拾遗"[37]的官，因为谏救房琯，被放[38]了出去。那时很乱，又是荒年，他辗转流落到成都，依靠故人严武，作到"检校工部员外郎"[39]，所以后来称为杜工部。他在蜀中住了很久。严武死后，他避难到湖南，就死在那里。他是儒家的信徒；"致君尧舜上，再使风俗淳"[40]是他的素志。又

---

37 左拾遗，官名，职责是规谏君王。

38 放，指被贬谪。

39 检校工部员外郎，检校，是指朝廷派官员去地方办事，相当于巡视的意思。唐中后期，检校官职不具有事职权，只是表明品级和俸禄。

40 原注：杜甫《奉赠韦左丞丈二十二韵》。按：引句意为：辅助君王使他在尧舜之上，要使社会风尚变得敦厚朴淳。

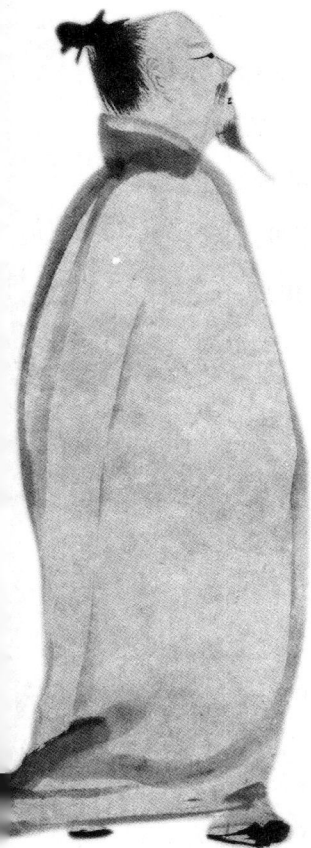

（宋）梁楷绘李白像

蒋兆和绘杜甫像

身经乱离，亲见了民间疾苦。他的诗努力描写当时的情形，发抒自己的感想。唐代以诗取士，诗原是应试的玩意儿；诗又是供给乐工歌妓唱了去伺候宫庭及贵人的玩意儿。李白用来抒写自己的生活，杜甫用来抒写那个大时代，诗的领域扩大了，价值也增高了。而杜甫写"民间的实在痛苦，社会的实在问题，国家的实在状况，人生的实在希望与恐惧"[41]，更给诗开辟了新世界。

他不大仿作乐府，可是他描写社会生活正是乐府的精神；他的写实的态度也是从乐府来的。他常在诗里发议论，并且引证经史百家；但这些议论和典故都是通过了他的满腔热情奔迸出来的，所以还是诗。他这样将诗历史化和散文化；他这样给诗创造了新语言。古体的七言诗到他手里正式成立；古体的五言诗到他手里变了格调。从此"温柔敦厚"之外，又开了"沉着痛快"一派。[42]五言律诗，王维、孟浩然已经不用来写艳情而用来写山水；杜甫却更用来表现广大的实在的人生。他的七言律诗，也是如此。他作律诗很用心在组织上。他的五言律诗最多，差不多穷尽了这体制的变化。他的绝句直述胸怀，嫌没有余味；但那些描写片段生活印象的，却也不缺少暗示的力量。他也能

41　原注：胡适《白话文学史》。

42　原注：《沧浪诗话》说诗的"大概有二：曰优游不迫，曰沉着痛快"。"优游不迫"就是"温柔敦厚"。

欣赏自然，晚年所作，颇有清新的刻划的句子。他又是个有谐趣的人，他的诗往往透着滑稽的风味。但这种滑稽的风味和他的严肃的态度调和得那样恰到好处，一点也不至于减损他和他的诗的身分。

以上两段写盛唐诗人杜甫。杜甫是真正继往开来的诗人，他用诗来写那个时代，领域扩大，价值更高。他的诗写社会生活，议论和用典都含着满腔热情，他将诗历史化和散文化，创造了新语言。古体七言诗在他手里正式成立，古体五言诗开了"沉着痛快"一路。五言律诗穷尽变化，七言律诗组织用心。他晚年所作，有清新、诙谐的风味。

杜甫的影响直贯到两宋时代；没有一个诗人不直接、间接学他的，没有一个诗人不发扬光大他的。古文家韩愈，跟着他将诗进一步散文化，而又造奇喻，押险韵，铺张描写，像汉赋似的。他的诗逞才使气，不怕说尽，是"沉着痛快"的诗。后来有元稹、白居易二人在政治上都升沉了一番；他们却继承杜甫写实的表现人生的态度。他们开始将这种态度理论化；主张诗要"上以补察时政，下以泄导人情"[43]，"嘲风雪,弄花草"[44]是没有意义的。他们反对雕琢

43　白居易《与元九书》："洎周衰秦兴，采诗官废。上不以诗补察时政，下不以歌泄导人情。"意为：到了东周衰落秦朝兴起的时候，采诗之官就废除了。天子不以采诗观风的办法补救并考察政事的缺失，平民也不以诗歌宣泄疏导自己的感情。

44　原注：白居易《与元九（稹）书》。按：《与元九书》："陵夷至于梁、陈间，率不过嘲风雪、弄花草而已。"嘲风雪，弄花（转下页）

字句，主张诚实自然。他们将自己的诗分为"讽谕"[45]的和"非讽谕"的两类。他们的诗却容易懂，又能道出人人心中的话，所以雅俗共赏，一时风行。当时最流传的是他们新创的谐调的七言叙事诗，所谓"长庆体"[46]的，还有社会问题诗。

以上一段写中唐诗人韩愈、元稹、白居易。在杜甫的影响下，韩愈将诗进一步散文化，造奇喻，押险韵，逞才使气。元、白主要继承了杜甫写实的态度，并将其理论化，所作之诗雅俗共赏，其中"长庆体"和社会问题诗广为流传。

晚唐诗向来推李商隐、杜牧为大家。李一生辗转在党争[47]的影响中。他和温庭筠并称；他们的诗又走回艳情一路。他们集中力量在律诗上，用典精巧，对偶整切。但李学杜、韩，器局较大；他的艳情诗有些实在是政治的譬喻，实在是感时伤事之作。所以地位在温之上。杜牧作了些小

（接上页）草，指吟咏、赏玩风雪花草而脱离现实的一种创作倾向。

45　讽谕，即委婉的劝说。讽谕是诗的一种表现方法，指对不合理的事物不正面直言，只以微词托意，希望统治者闻而知改。

46　长庆体，即"元白体"。唐长庆四年，元稹将白居易的诗文编定为五十卷，命名为《白氏长庆集》；元稹自己的文集亦题名《元氏长庆集》。"长庆体"相对固定的题材类型有二：一是通过铺陈某一人的遭遇，以见朝廷政治的得失；二是通过描写某一宫廷苑囿的变迁，以见国运的兴衰，从中寄托对于朝政的殷忧。

47　党争，指官员结成党派，为争取政治利益互相攻击。

官儿，放荡不羁，而很负盛名，人家称为小杜——老杜是杜甫。他的诗词采华艳，却富有纵横气，又和温、李不同。然而都可以归为绮丽一派。这时候别的诗家也集中力量在律诗上。一些人专学张籍、贾岛的五言律，这两家都重苦吟，总捉摸着将平常的题材写得出奇，所以思深语精，别出蹊径。但是这种诗写景有时不免琐屑，写情有时不免偏僻，便觉不大方。这是僻涩一派。另一派出于元、白，作诗如说话，嬉笑怒骂，兼而有之，又时时杂用俗语。这是粗豪一派。[48]这些其实都是杜甫的鳞爪[49]，也都是宋诗的先驱；绮丽一派只影响宋初的诗，僻涩、粗豪两派却影响了宋一代的诗。

以上一段写晚唐诗。李商隐、杜牧最为大家，李商隐也学杜甫，主要体现在用典精巧、对偶整切，杜牧诗词采华艳，纵横俊峭。另有学苦吟的僻涩一派，学元、白的粗豪一派，这两派和小李杜的绮丽一派一样，都是宋诗先驱。

宋初的诗专学李商隐；末流只知道典故对偶，真成了诗玩意儿。王禹偁独学杜甫，开了新风气。欧阳修、梅尧臣接着发现了韩愈，起始了宋诗的散文化。欧阳修曾遭贬谪；他是古文家。梅尧臣一生不得志。欧诗虽学韩，却平

48　原注：以上参用胡小石《中国文学史》（上海人文社版）说。

49　鳞爪，比喻事物的片段或点滴。

（元）赵孟頫绘苏轼像

易疏畅，没有奇险的地方。梅诗幽深淡远，欧评他"譬如妖韶女，老自有馀态"，"初如食橄榄，真味久愈在"。[50]宋诗散文化，到苏轼而极。他是眉州眉山（今四川眉山）人，因为攻击王安石的新法，一辈子升沉在党争中。他将禅理[51]大量的放进诗里，开了一个新境界。他的诗气象洪阔，铺叙宛转，又长于譬喻，真到用笔如舌的地步；但不免"掉书袋"[52]的毛病。他门下出了一个黄庭坚，是第一个有意的讲究诗的技巧的人。他是洪州分宁（今江西修水）人，也因党争的影响，屡遭贬谪，终于死在贬所。他作诗着重锻炼，着重句律；句律就是篇章字句的组织与变化。

50　原注：《水谷夜行寄子美圣俞》。按：欧阳修《水谷夜行寄子美圣俞》上下几句为"作诗三十年，视我犹后辈。文词愈清新，心意虽老大。譬如妖韶女，老自有馀态。近诗尤古硬，咀嚼苦难嗑。初如食橄榄，真味久愈在"。

51　禅理，佛学之义理。

52　掉书袋，指说话或写文章好引用古书言词。

他开了江西诗派[53]。

刘克庄《江西诗派小序》说他"会萃百家句律之长，究极历代体制之变，搜猎奇书，穿穴异闻，作为古律，自成一家；虽只字半句不轻出"[54]。他不但讲究句律，并且讲究运用经史以至奇书异闻，来增富他的诗。这些都是杜甫传统的发扬光大。王安石已经提倡杜诗，但到黄庭坚，这风气才昌盛。黄还是继续将诗散文化，但组织得更经济些；他还是在创造那阔大的气象，但要使它更富厚些。他所求的是新变。他研究历代诗的利病[55]，将作诗的规矩得失，指示给后学，教他们知道路子，自己去创造，展到变化不测的地步。所以能够独开一派。他不但创新，还主张点化陈腐以为新；创新需要大才，点化陈腐，中才都可勉力作去。他不但能够"以故为新"，并且能够"以俗为雅"。其实宋诗都可以说是如此，不过他开始有意的运用这两个原则罢了。他的成就尤其在七言律上；组织固然更精密，音调也

53　江西诗派，崇尚黄庭坚的点铁成金、夺胎换骨之说，诗派成员大多受黄庭坚的影响，作诗以吟咏书斋生活为主，重视文字的推敲技巧。

54　引句大意为：取前人材料加以熔铸、改造，使之为我所用，自成一家；讲究字字有来历。

55　利病，利弊，优劣。

谐中有拗[56]，使每个字都斩绝[57]的站在纸面上，不至于随口滑过去。

以上两段写北宋诗。王禹偁独学杜甫，开新风气。欧阳修、梅尧臣学韩愈，开始了宋诗的散文化。欧诗平易疏畅，梅诗幽深淡远。宋诗的散文化在苏轼这里到了极致，他还将禅理入诗，开了新境界。黄庭坚刻意讲究诗的技巧，重锻炼，重句律，用字生硬，开了江西诗派。江西诗派主张点化陈腐，以故为新，以俗为雅，对南宋诗影响巨大。

南宋的三大诗家都是从江西派变化出来的。杨万里为人有气节；他的诗常常变格调。写景最工；新鲜活泼的譬喻，层见叠出，而且不碎不僻，能从大处下手。写人的情意，也能铺叙纤悉，曲尽其妙；所谓"笔端有口，句中有眼"[58]。他作诗只是自然流出，可是一句一转，一转一意；所以只觉得熟，不觉得滑。不过就全诗而论，范围究竟狭窄些。范成大是个达官。他是个自然诗人，清新中兼有拗峭[59]。陆游是个爱君爱国的诗人。吴之振《宋诗钞》说他学杜而能得杜的心。他的诗有两种：一种是感激豪宕，沉郁

---

56 拗，这里特指写诗用字不合常规平仄格律。

57 斩绝，山陡峭的样子，形容用字生硬。

58 原注：周必大跋杨诚斋诗语。

59 拗峭，指生硬劲峭。

深婉之作；一种是流连光景，清新刻露之作。[60]他作诗也重真率，轻"藻绘"[61]，所谓"文章本天成，妙手偶得之"[62]。他活到八十五岁，诗有万首；最熟于诗律，七言律尤为擅长。——宋人的七言律实在比唐人进步。

以上一段写南宋诗。杨万里诗自然流畅，写景新鲜活泼，写情曲尽其妙，整体格局较小。范成大诗清新拗峭。陆游诗一种感激豪宕，沉郁深婉，一种写景抒情，清新直白。陆游擅长七律，宋人七律整体比唐人进步。

向来论诗的对于唐以前的五言古诗，大概推尊，以为是诗的正宗；唐以后的五言古诗，却说是变格[63]，价值差些，可还是诗。诗以"吟咏情性"[64]，该是"温柔敦厚"的。按这个界说，齐、梁、陈、隋的五言古诗其实也不够格，因为题材太小，声调太软，算不得"敦厚"。七言歌行及近体成立于唐代，却只能以唐代为正宗。宋诗议论多，又一味刻划，多用俗语，拗折声调。他们说这只是押韵的文，不是诗。但是推尊宋诗的

60　流连光景，留恋风光景物。刻露，完全显露。

61　藻绘，指辞藻描绘。

62　原注：陆游《文章诗》。

63　变格，与"正宗"相对，指有所变化的格调体式。

64　原注：《诗大序》。

却以为天下事物穷则变，变则通，诗也是如此。变是创新，是增扩，也就是进步。若不容许变，那就只有模拟，甚至只有钞袭；那种"优孟衣冠"[65]，甚至土偶木人[66]，又有什么意义可言！即如模拟所谓盛唐诗的，末流往往只剩了空廓的架格和浮滑的声调；要是再不变，诗道岂不真穷了？所以诗的界说应该随时扩展；"吟咏情性""温柔敦厚"诸语，也当因历代的诗辞而调整原语的意义。诗毕竟是诗，无论如何的扩展与调整，总不会与文混合为一的。诗体正变[67]说起于宋代，唐、宋分界说起于明代；其实，历代诗各有胜场，也各有短处，只要知道新、变，便是进步，这些争论是都不成问题的。

　　最后一段以正、变为核心总结诗歌史。向来论诗，五言古诗以唐以前为正宗，唐以后是变格；若以温柔敦厚为标准，则六朝诗不够格；七言歌行和近体诗以唐为正宗；宋诗被认为是押韵的文，不是诗。作者推崇新变，反对模拟，认为历代诗各有长短，而只要有新变，就是进步。

————————

65　优孟衣冠，优孟是春秋时楚国的艺人，楚相孙叔敖死后，优孟穿戴孙叔敖的衣冠，摹仿其神态动作，楚庄王及左右不能辨，以为孙叔敖复生。比喻假扮古人或模仿他人。

66　土偶木人，泥塑木雕的神像，这里指没有情感灵性的诗歌。

67　正变，正体和变体。

杂诗七首（其一）

曹　植

高台多悲风，朝日照北林。

之子在万里，江湖迥且深。

方舟安可极，离思故难任！

孤雁飞南游，过庭长哀吟。

翘思慕远人，愿欲托遗音。

形影忽不见，翩翩伤我心。

注释

◎北林，《诗经·秦风·晨风》有"郁彼北林"句。◎之子，那个人。◎迥，远。◎方舟，两船并在一起。◎任，承受。◎翘（qiáo）思，悬想挂念。

咏怀八十二首（其一）

阮　籍

夜中不能寐，起坐弹鸣琴。

薄帷鉴明月，清风吹我襟。

孤鸿号外野，翔鸟鸣北林。

徘徊将何见？忧思独伤心。

注释

◎鉴，照。

登 池 上 楼

谢灵运

潜虬媚幽姿，飞鸿响远音。

薄霄愧云浮，栖川怍渊沉。

进德智所拙，退耕力不任。

徇禄反穷海，卧疴对空林。

衾枕昧节候，褰开暂窥临。

倾耳聆波澜，举目眺岖嵚。

初景革绪风，新阳改故阴。

池塘生春草，园柳变鸣禽。

祁祁伤豳歌，萋萋感楚吟。

索居易永久，离群难处心。

持操岂独古，无闷征在今。

注释

◎潜虬（qiú），深潜于水的无角的小龙。◎薄，迫近。◎怍（zuò），惭愧。◎进德，增进德业。◎徇（xùn），谋求。◎穷海，边远滨海，指永嘉。◎疴（kē），疾病。◎昧，昏暗不明，这里指不了解、不知道。◎褰（qiān），撩起，用手提起。◎岖嵚（qū qīn），山岭高耸险峻的样子。◎初景，初春的日光。"景"同"影"。◎革，改变。◎绪风，余风。◎祁祁，众多貌。◎豳歌，指《诗经·豳风·七月》，内有"春日迟迟，采蘩祁祁"句。◎萋萋，草茂盛貌。◎楚吟，指《楚辞·招隐士》，内有"王孙游兮不归，春草生兮萋萋"句。◎索居，离开人群独自居处一方。◎离群，离开亲朋群体。◎持操，坚持节操。◎无闷，无所烦闷，语出《周易·乾》"遁世无闷"。

文第十三

题解

　　本篇大致按年代及文体叙述了文章源流，叙述时兼顾对文章观念的梳理。从不成文的卜辞、卦爻辞、《鲁春秋》说起，到诸子、史传、辞赋、骈文、译文、义疏、唐宋古文、语录、传奇、小说、八股文、桐城派古文、新文体、白话文。所叙述的对象，既有经典的"文"如古文、骈文，也有译文、义疏这类一般不被当作"文"的。朱自清先生认为，"中国一切都在现代化的过程中，语言的现代化也是自然的趋势"，可以看出他重视白话、重视民众、重视现代化的文学观念。

　　现存的中国最早的文，是商代的卜辞[1]。这只算是些句

1　卜辞，殷人占卜后，将占卜的人、事、时间、结果等刻在占卜所用的龟甲兽骨上，这类文字称为卜辞。卜辞偶尔也有成段记事或成章如诗的。

子，很少有一章一节的。后来《周易》卦爻辞[2]和《鲁春秋》也是如此，不过经卜官和史官按着卦爻与年月的顺序编纂起来，比卜辞显得整齐些罢了。便是这样，王安石还说《鲁春秋》是"断烂朝报"[3]。所谓"断"，正是不成片段、不成章节的意思。卜辞的简略大概是工具的缘故，在脆而狭的甲骨上用刀笔刻字，自然不得不如此。卦爻辞和《鲁春秋》似乎没有能够跳出卜辞的氛围去，虽然写在竹木简上，自由比较多，却依然只跟着卜辞走。《尚书》就不同了。《虞书》《夏书》大概是后人追记，而且大部分是战国末年的追记，可以不论；但那几篇《商书》，即使有些是追记，也总在商、周之间。那不但有章节，并且成了篇，足以代表当时史的发展，就是叙述文的发展。而议论文也在这里面见了源头。卜辞是"辞"，《尚书》里大部分也是"辞"。这些都是官文书。

2　卦爻辞指卦辞和爻辞。卦辞是说明《周易》全卦卦义的文辞，一般认为是卜筮记录，如"乾：元，亨，利，贞"，"乾"是卦名，"元，亨，利，贞"是卦辞。爻辞是说明《周易》六十四卦各爻象的文辞，如"初九：潜龙勿用"，"初九"是爻题，"潜龙勿用"是乾卦初爻的爻辞。

3　原注：宋周麟之跋孙觉《春秋经解》引王语。"朝报"相当于现在的政府公报。按：《宋史·王安石传》："黜《春秋》之书，不使列于学官，至戏目为断烂朝报。"意思是：排除《春秋》一系的书，不列于学官，乃至开玩笑地把它们视作断烂残缺的朝廷公报。朝报，朝廷的公报，刊载诏令、奏章及官吏任免等事。

开头段说最早的文是商代的卜辞。卜辞、《周易》卦爻辞和《鲁春秋》一样，都是些简单的句子。《尚书》有了篇章，意味着叙述文的发展。它们多是官方文书。

记言、记事的辞之外，还有讼辞。打官司的时候，原被告的口供都叫作"辞"；辞原是"讼"的意思[4]，是辩解的言语。这种辞关系两造[5]的利害很大，两造都得用心陈说；审判官也得用心听，他得公平的听两面儿的。这种辞也兼有叙述和议论；两造自己办不了，可以请教讼师。这至少是周代的情形。春秋时候，列国交际频繁，外交的言语关系国体和国家的利害更大，不用说更需慎重了。这也称为"辞"，又称为"命"，又合称为"辞命"或"辞令"。郑子产便是个善于辞命的人。郑是个小国，他办外交，却能教大国折服，便靠他的辞命。他的辞引古为证，宛转而有理，他的态度却坚强不屈。孔子赞美他的辞，更赞美他的"慎辞"[6]。孔子说当时郑国的辞命，子产先教裨谌创意起草，交给世叔审查，再教行人子羽修改，末了儿他再加

4　原注：《说文·辛部》。按：《说文·辛部》："辞，讼也。"

5　两造，诉讼的双方，即原告与被告。

6　原注：均见《左传·襄公二十五年》。按：慎辞，指慎重地对待辞令。

润色。[7]他的确是很慎重的。辞命得"顺",就是宛转而有理;还得"文",就是引古为证。[8]

以上一段说讼辞和外交辞令。讼辞兼有叙述和议论。外交辞令要慎重对待,应当"顺"即宛转有理,还要"文"即引古为证。子产是外交辞令的杰出代表。

孔子很注意辞命,他觉得这不是件易事,所以自己谦虚的说是办不了。但教学生却有这一科;他称赞宰我、子贡,擅长言语[9],"言语"就是"辞命"。那时候言文似乎是合一的。辞多指说出的言语,命多指写出的言语;但也可以兼指。各国派使臣,有时只口头指示策略,有时预备下稿子让他带着走。这都是命。使臣受了命,到时候总还得随机应变,自己想说话;因为许多情形是没法预料的。——当时言语,方言之外有"雅言"。"雅言"就是"夏言",是当时的京话或官话。孔子讲学似乎就用雅言,

---

7　原注:《论语·宪问》。按:《论语·宪问》原文是:"子曰:'为命,裨谌草创之,世叔讨论之,行人子羽修饰之,东里子产润色之。'"裨谌,郑国大夫。世叔,即子太叔,名游吉,郑国正卿。行人,官名,掌管朝觐聘问等外交事务。子羽,即公孙羽,郑国大夫。东里,子产所居地。子产,郑国政治家、思想家、改革家。此句可以看出郑国外交文书经过四人之手,非常慎重。

8　"顺""文",《左传·襄公二十五年》记载赵文子评判子产的辞令说"其辞顺,犯顺不祥",孔子赞赏子产"慎辞",强调言辞对事情发展影响不小,"言之无文,行而不远"。

9　原注:《论语·先进》。

不用鲁语。[10] 卜、《尚书》和辞命，大概都是历代的雅言。讼辞也许不同些。雅言用的既多，所以每字都能写出，而写出的和说出的雅言，大体上是一致的。孔子说"辞"只要"达"就成。[11] 辞是辞命，"达"是明白，辞多了像背书，少了说不明白，多少要恰如其分。[12] 辞命的重要，代表议论文的发展。

以上一段说孔子的辞命观。孔子十分重视辞命，当时言文合一，孔子教学使用雅言，主张"辞达而已"。以上三段以"辞"为中心，介绍了最早的文。

战国时代，游说之风大盛。游士立谈可以取卿相[13]，所以最重说辞。他们的说辞却不像春秋的辞命那样从容宛转了。他们铺张局势，滔滔不绝，真像背书似的；他们的话，像天花乱坠，有时夸饰，有时诡曲[14]，不问是非，只图激动人主的心。那时最重辩。墨子是第一个注意辩论方法的人，

10　原注：《论语·述而》："子所雅言，《诗》、《书》、执礼，皆雅言也。"这里用刘宝楠《论语正义》的解释。

11　原注：《论语·卫灵公》："子曰：'辞达而已矣。'"

12　原注：《仪礼·聘礼》："辞多则史，少则不达，辞苟足以达，义之至也。"

13　立谈可以取卿相，指游说之士站在那里谈谈发表言论就能够封卿拜相。

14　诡曲，离奇曲折。

他主张"言必有三表"。"三表"是"上本之于古者圣王之事","下原察百姓耳目之实","废（发）以为刑政，观其中国家百姓人民之利"[15]；便是三个标准。不过他究竟是个注重功利的人，不大喜欢文饰，"恐人怀其文，忘其'用'"[16]，所以楚王说他"言多不辩"[17]。——后来有了专以辩论为事的"辩者"，墨家这才更发展了他们的辩论方法，所谓《墨经》便成于那班墨家的手里。——儒家的孟、荀也重辩。孟子说："予岂好辩哉？予不得已也！"[18]荀子也说："君子必辩。"[19]这些都是游士的影响。但道家的老、庄，法家的韩非，却不重辩。《老子》里说"信言不美，美言不信"[20]，"老学"所

15　原注：《非命上》。按："三表"即本、原、用，是墨子关于论辩文写作的重要理论。"本"指以上古圣王之事为标准，"原"指考察百姓的实际反馈，"用"指有利于国家人民的实践效果。

16　引句意为：就怕人们流连于它的文字辞令，忘了它的用处价值。

17　原注：《韩非子·外储说左上》。按：《韩非子·外储说左上》载楚王问田鸠：墨子为什么"其言多而不辩"，田鸠回答："墨子之说，传先王之道，论圣人之言，以宣告人。若辩其辞，则恐人怀其文忘其直，以文害用也。此与楚人鬻珠、秦伯嫁女同类，故其言多不辩。"大意是：墨子害怕人们流连于文字辞令，忘了它的用处价值，这是以文字辞令损伤了用处价值，所以他的言论大多不讲求辞令。

18　原注：《滕文公》下。

19　原注：《非相》篇。

20　原注：八十一章。按：引句意为：真实的话往往不美妙动听，美妙的言辞往往不真实。

重的是自然。《庄子》里说"大辩不言"[21],"庄学"所要的是神秘。韩非也注重功利，主张以法禁辩，说辩"生于上之不明"[22]。后来儒家作《易·文言传》，也道："君子进德修业。忠信，所以进德也；修辞立其诚，所以居业也。"[23]这不但是在暗暗的批评着游士好辩的风气，恐怕还在暗暗的批评着后来称为名家的"辩者"呢。《文言传》旧传是孔子所作，不足信；但这几句话和"辞达"论倒是合拍的。

孔子开了私人讲学的风气，从此也便有了私家的著作。第一种私家著作是《论语》，却不是孔子自作而是他的弟子们记的他的说话。诸子书大概多是弟子们及后学者所记，自作的极少。《论语》以记言为主，所记的多是很简单的。孔子主张"慎言"，痛恨"巧言"和"利口"；他向弟子们说话，大概是很质直的，弟子们体念他的意思，也只简单的记出。到了墨子和孟子，可就铺排得多。《墨子》大约也是弟子们所记。《孟子》据说是孟子晚年和他的弟子公孙丑、万章等编定的，可也是弟子们记言的体制。那时是个"好辩"的时代。墨子虽不好辩，却也脱不了时代影响。

21　原注：《齐物论》。按：语出《庄子·齐物论》，意为：真正的辩是不言说。

22　原注：《问辩》。按：语出《韩非子·问辩》："或问曰：'辩安生乎？'对曰：'生于上之不明也。'"韩非认为辩说产生于君主的不明智。

23　引句意为：君子为增进品德而修营功业。忠信，则可以增进品德；外修文教，内立其诚，则有功业可居。

孟子本是个好辩的人。记言体制的恢张[24]，也是自然的趋势。这种记言是直接的对话。由对话而发展为独白，便是"论"。初期的论，言意浑括[25]，《老子》可为代表；后来的《墨经》，《韩非子·储说》的经，《管子》的《经言》，都是这体制。再进一步，便是恢张的论，《庄子·齐物论》等篇以及《荀子》《韩非子》《管子》的一部分，都是的。——群经诸子书里常常夹着一些韵句，大概是为了强调。后世的文也偶尔有这种例子。中国的有韵文和无韵文的界限，是并不怎样严格的。

还有一种"寓言"，藉着神话或历史故事来抒论。《庄子》多用神话，《韩非子》多用历史故事，《庄子》有些神仙家言，《韩非子》是继承《庄子》的寓言而加以变化。战国游士的说辞也好用譬喻。譬喻成了风气，这开了后来辞赋的路。论是进步的体制，但还只以篇为单位，"书"的观念还没有。直到《吕氏春秋》，才成了第一部有系统的书。[26]这部书成于吕不韦的门客之手，有十二纪、八览、六论，共三十多万字。十二代表十二月，八是卦数，六是秦代的

24　恢张，指张扬、扩展。

25　浑括，指概括、总括。

26　原注：上节及本节参用傅斯年《战国文籍中之篇式书体》(《中央研究院语言历史研究所集刊》第一本第二分）说。

圣数[27]，这些数目是本书的间架[28]，是外在的系统，并非逻辑的秩序，汉代刘安主编《淮南子》，才按照逻辑的秩序，结构就严密多了。自从有了私家著作，学术日渐平民化。著作越过越多，流传也越过越广。"雅言"便成了凝定的文体了。后世大体采用，言文渐渐分离。战国末期，"雅言"之外，原还有齐语、楚语两种有势力的方言。[29]但是齐语只在《春秋公羊传》里留下一些，楚语只在屈原的"辞"里留下几个助词如"羌""些"等；这些都让"雅言"压倒了。

以上三段介绍了诸子文章和文章观。先以"辩"为中心，游说之士最重辩，铺张夸饰，滔滔不绝。墨子主张"言必有三表"，重实用轻文饰。孟子、荀子注重辩，老子、庄子不重辩，韩非子主张以法禁辩。后来儒学主张"修辞立其诚"，与"辞达而已"相通。《论语》质直，反对巧言利口。初期的论浑然概括，后来的论恢弘开阔。寓言和譬喻是庄子、韩非子常用的。《吕氏春秋》是第一部有系统的书，《淮南子》有了逻辑的秩序。随着学术下移，雅言成为主流，言文逐渐分离。

伴随着议论文的发展，记事文也有了长足的进步。这

27　圣数，即神圣的数字，是一种数字崇拜。

28　间架，原指房屋建筑的结构。引申为文章的布局。

29　原注：《孟子·滕文公》："有楚大夫于此，欲其子之齐语也，则使齐人傅诸。"楚人要学齐语，可见齐语流行很广。又《韩诗外传》四："然则楚之狂者楚言，齐之狂者齐言，习使然也。""楚言"和"齐言"并举，可见楚言也是很有势力的。

里《春秋左氏传》是一座里程碑。在前有分国记言的《国语》,《左传》从它里面取材很多。那是铺排的记言，一面以《尚书》为范本，一面让当时记言体的、恢张的趋势推动着，成了这部书。其中自然免不了记事的文字;《左传》便从这里出发，将那恢张的趋势表现在记事文里。那时游士的说辞也有人分国记载，也是铺排的记言，后来成为《战国策》那部书。《左传》是说明《春秋》的，是中国第一部编年史。它最长于战争的记载;它能够将千头万绪的战事叙得层次分明，它的描写更是栩栩如生。它的记言也异曲同工，不过不算独创罢了。它可还算不得一部有自己的系统的书;它的顺序是依着《春秋》的。《春秋》的编年并不是自觉的系统,而且"断如复断"[30]，也不成一部"书"。

汉代司马迁的《史记》才是第一部有自己的系统的史书。他创造了"纪传"的体制。他的书包括十二本纪、十表、八书、三十世家、七十列传，共五十多万字。十二是十二月，是地支，十是天干，八是卦数，三十取《老子》"三十辐共一毂"[31]的意思，表示那些"辅弼股肱之臣","忠

30　断如复断，指断了又断，是说《春秋》的编年没有系统，不连贯，不完整。

31　三十辐共一毂，三十根辐条汇集到一根毂中的孔洞当中。毂，本意是指车轮中心的圆木，周围与车辐的一端相接，中有圆孔，可以插轴;借指车轮或车。

信行道以奉主上"³²；七十表示人寿之大齐，因为列传是记载人物的。这也是用数目的哲学作系统，并非逻辑的秩序，和《吕氏春秋》一样。这部书"厥协六经异传，整齐百家杂语"³³，以剪裁与组织见长。但是它的文字最大的贡献，还在描写人物。左氏只是描写事，司马迁进一步描写人；写人更需要精细的观察和选择，比较的更难些。班彪论《史记》"善叙事理，辨而不华，质而不野，文质相称"³⁴，这是说司马迁行文委曲自然。他写人也是如此。他又往往即事寓情，低徊不尽，他的悲愤的襟怀，常流露在字里行间。明代茅坤称他"出《风》入《骚》"³⁵，是不错的。

以上两段介绍记事文即史书文章。《左传》长于战争的记载，层次分明，描写栩栩如生。《史记》创造了纪传体制，是第一部有自己的系统的史书，写人生动，即事寓情，情感深沉。

汉武帝时候，盛行辞赋；后世说"楚辞汉赋"，真的，

32　原注：《史记·自序》。按："辅弼股肱之臣"，辅佐帝王的重臣。"忠信行道以奉主上"，忠诚信实，效忠于君主。

33　引句意为：将"六经"不同的传注、各家杂乱的说法熔铸为一家之言。

34　原注：《后汉书·班彪传》。按：引句意为：善于叙述事理，文笔畅达而不华丽，质朴而不粗野，文饰润色恰到好处。

35　原注：《史记评林》总评。按：《风》指《诗经》的《国风》，《骚》指《楚辞》的《离骚》，它们分别是现实主义和浪漫主义创作风格的代表。这里指司马迁行文既有客观的描写，又有主观的抒情。

汉代简直可以说是赋的时代。所有的作家几乎都是赋的作家。赋既有这样压倒的势力，一切的文体，自然都受它的影响。赋的特色是铺张、排偶、用典故。西汉记事记言，都还用散行的文字，语意大抵简明；东汉就在散行里夹排偶，汉、魏之际，排偶更甚。西汉的赋，虽用排偶，却还重自然，并不力求工整；东汉到魏，越来越工整，典故也越用越多。西汉普通文字，句子很短，最短有两个字的。东汉的句子，便长起来，最短的是四个字；魏代更长，往往用上四下六或上六下四的两句以完一意。所谓"骈文"或"骈体"，便这样开始发展。骈体出于辞赋，夹带着不少的抒情的成分；而句读整齐，对偶工丽，可以悦目，声调和谐，又可悦耳，也都助人情韵。因此能够投人所好，成功了不废的体制。

以上一段讲汉赋和六朝骈文。赋的特点是铺张、排偶、用典，骈文对偶工丽，声调和谐。

梁昭明太子[36]在《文选》里第一次提出"文"的标准，可以说是骈体发展的指路牌。他不选经、子、史[37]，也不选

36　梁昭明太子，指梁武帝萧衍长子萧统，被册立为太子，却因病早逝，不及即位，谥号昭明，史称"昭明太子"。他主持编纂的《文选》，选录先秦至梁的诗文辞赋七百余首，是中国现存最早的大型诗文总集。

37　经、子、史，"经"指经书，即儒家经典著作；"子"指先秦百家著作，如《老子》《韩非子》；"史"指史书，如二十四史等。经史子集是将古籍按其内容区分的四大部类。

"辞"。经太尊，不可选；史"褒贬是非，纪别异同"[38]，不算"文"；子"以立意为宗，不以能文为本"[39]；"辞"是子史的支流，也都不算"文"。他所选的只是"事出于沉思，义归乎翰藻"之作。"事"是"事类"，就是典故；"翰藻"兼指典故和譬喻。典故用得好的，譬喻用得好的，他才选在他的书里。这种作品好像各种乐器，"并为入耳之娱"；好像各种绣衣，"俱为悦目之玩"。这是"文"，和经、子、史及"辞"的作用不同，性质自异。后来梁元帝[40]又说"吟咏风谣，流连哀思者谓之文"[41]，"文者，惟须绮縠纷披，宫徵靡曼，唇吻遒会，情灵摇荡"。[42]这是说，用典故、有对偶、谐声调的抒情作品才叫作"文"呢。这种"文"大体上专指诗赋和骈体而言；但应用的骈体如章奏等，却不算在里头。汉代本已称诗赋为"文"，而以"文辞"或"文章"称记言、记事之作。骈体原也是些记言、记事之作，这时候却被提出一部分来，与诗赋并列在"文"的尊称之下，真

38　引句意为：史书评论善恶好坏，记述远近异同之事。

39　引句意为：诸子的文章主要注重思想内容，而不着重于写作技巧。

40　梁元帝，指梁武帝萧衍第七子萧绎，著有《金楼子》。

41　引句意为：吟咏歌谣，沉醉于哀怨情思，这样的可以称为文。

42　原注：《金楼子·立言》篇。按：引句大意为：文，理应文辞美丽，音律和谐，读起来唇吻流畅，令人心神摇荡。

是"附庸蔚为大国"[43]了。

以上一段以《文选·序》和《金楼子·立言》为核心，介绍了六朝新变的文章观。《文选·序》主张文应当"事出于沉思，义归乎翰藻"，《金楼子·立言》主张文应该是"绮縠纷披，宫徵靡曼，唇吻道会，情灵摇荡"。

这时有两种新文体发展。一是佛典的翻译，一是群经的义疏[44]。佛典翻译从前不是太直，便是太华；太直的不好懂，太华的简直是魏、晋人讲老、庄之学的文字，不见新义。[45]这些译笔都不能作到"达"的地步。东晋时候，后秦主姚兴聘龟兹僧鸠摩罗什为国师[46]，主持译事。他兼通华语及西域语，所译诸书，一面曲从华语，一面不失本旨。他的译笔可也不完全华化，往往有"天然西域之语趣"[47]；他介绍的"西域之语趣"是华语所能容纳的，所以觉得"天

---

43 附庸蔚为大国，指原为某事物附庸的事物逐渐发展变大形成潮流。

44 义疏，古书的注释体制之一。起源于南北朝，内容为疏通原书和旧注的文意，阐述原书的思想，或广罗材料，对旧注进行考核，补充辨正。

45 太直，指太过于遵从原著而直接。太华，指太过于华丽。

46 后秦，十六国时期羌族姚苌建立的政权。姚兴，后秦第二位皇帝。龟兹，中国古代西域大国之一，位于现在的新疆维吾尔自治区阿克苏地区。鸠摩罗什，东晋十六国时期后秦高僧，中国汉传佛教四大佛经翻译家之一。国师，宗教中学德兼备的高人的称号。

47 原注：宋赞宁论罗什所译《法华经》语，见《宋高僧传》卷三。

然"。新文体这样成立在他的手里。但他的翻译虽能"达"，却还不能尽"信"；他对原文是不太忠实的。到了唐代的玄奘，更求精确，才能"信""达"兼尽，集佛典翻译的大成。这种新文体一面增扩了国语的词汇，也增扩了国语的句式。词汇的增扩，影响最大而易见，如现在口语里还用着的"因果""忏悔""刹那"等词，便都是佛典的译语。句式的增扩，直接的影响比较小些，但像文言里常用的"所以者何""何以故"等也都是佛典的译语。另一面，这种文体是"组织的，解剖的"[48]。这直接影响了佛教徒的注疏和"科分"[49]之学，间接影响了一般解经和讲学的人。

　　演释古人的话的有"故""解""传""注"等。用故事来说明或补充原文，叫作"故"。演释原来辞意，叫作"解"。但后来解释字句，也叫作"故"或"解"。"传"，转也，兼有"故""解"的各种意义。如《春秋左氏传》补充故事，兼阐明《春秋》辞意。《公羊传》《穀梁传》只阐明《春秋》辞意——用的是问答式的记言。《易传》推演卦爻辞的意旨，也是铺排的记言。《诗毛氏传》解释字句，并给每篇诗作小序，阐明辞意。"注"原只解释字句，但后来也有推演辞意、补充故事的。用故事来说明或补充原文，以

48　原注：梁启超《翻译文学与佛典》六之二。按："组织的"指注重逻辑组织架构的系统，"解剖的"指注重章节段落分布的精密。

49　原注：佛教徒注释经典，分析经文的章段，称为"科分"。

及一般的解释辞意，大抵明白易晓。《春秋》三传和《诗毛氏传》阐明辞意，却是断章取义，甚至断句取义，所以支离破碎，无中生有。注字句的本不该有大出入，但因对于辞意的见解不同，去取字义，也有各别的标准。注辞意的出入更大。像王弼注《周易》，实在是发挥老、庄的哲学；郭象注《庄子》，更是借了《庄子》发挥他自己的哲学。南北朝人作群经"义疏"，一面便是王弼等人的影响，一面也是翻译文体的间接影响。这称为"义疏"之学。

汉、晋人作群经的注，注文简括，时代久了，有些便不容易通晓。南北朝人给这些注作解释，也是补充材料，或推演辞意。"义疏"便是这个。无论补充或推演，都得先解剖文义；这种解剖必然的比注文解剖经文更精细一层。这种精细的确不算是破坏的解剖，似乎是佛典翻译的影响。就中推演辞意的有些也只发挥老、庄之学，虽然也是无中生有，却能自成片段，便比汉人的支离破碎进步。这是王弼等人的衣钵，也是魏、晋以来哲学发展的表现。这是又一种新文体的分化。到了唐修《五经正义》，削去玄谈，力求切实，只以疏明注义为重。解剖字句的工夫，至此而极详。宋人所谓"注疏"[50]的文体，便成立在这时代。后来清代的精详的考证文，就是从这里变化出来的。

50　注疏，注和疏的并称。注，对经书字句的注解；疏，对注的注解。注、疏内容关乎经籍中文字正假、语词意义、音读正讹、语法修辞，以及名物、典制、史实等。

以上三段介绍佛典的翻译和群经的义疏。佛典的翻译拓宽了国语的词汇和句式，对逻辑架构的系统完备程度，章节段落分布的精密程度也有一定影响。义疏大抵明白易晓，解剖字句需精细详密，清代考证文从这里变化而来。

不过佛典只是佛典，义疏只是义疏，当时没有人将这些当作"文"的。"文"只用来称"沉思翰藻"的作品。但"沉思翰藻"的"文"，渐渐有人嫌"浮""艳"了。"浮"是不直说，不简截说的意思。"艳"正是隋代李谔《上文帝书》中所指斥的："连篇累牍，不出月露之形；积案盈箱，唯是风云之状。"[51] 那时北周的苏绰是首先提倡复古的人，李谔等纷纷响应。但是他们都没有找到路子，死板的模仿古人到底是行不通的。唐初，陈子昂提倡改革文体，和者尚少。到了中叶，才有一班人"宪章六艺，能探古人述作之旨"[52]。而元结、独孤及、梁肃最著。他们作文，主于教化，力避排偶，辞取朴拙。但教化的观念，广泛难以动众，而关于文体，他们不曾积极宣扬，因此未成宗派。开宗派的是韩愈。

以上一段承上启下，写隋和唐初倡导复古、改革文体的趋向。

51　引句大意为：一篇篇文章都是吟风弄月、堆砌辞藻之作。指斥当时文风靡艳。

52　原注：李舟《独孤常州集序》。按：宪章六艺，指以六艺即六经为标准模范。

倡导者们批判六朝浮艳文风，主教化，避排偶，取朴拙，直到后来韩愈开创了宗派。

　　韩愈，邓州南阳（今河南南阳）人。唐宪宗时，他作刑部侍郎，因谏迎佛骨被贬；后来官至吏部侍郎，所以称为韩吏部。他很称赞陈子昂、元结复古的功劳，又曾请教过梁肃、独孤及。他的脾气很坏，但提携后进，最是热肠。当时人不愿为师，以避标榜之名；他却不在乎，大收其弟子。他可不愿作章句师，他说师是"传道、授业、解惑"[53]的。他实在是以文辞为教的创始者。他所谓"传道"，便是传尧、舜、禹、汤、文、武、周公、孔子、孟子的道；所谓"解惑"，便是排斥佛、老。他是以继承孟子自命的；他排佛、老，正和孔子的距杨、墨一样。[54]当时佛、老的势力极大，他敢公然排斥，而且因此触犯了皇帝。[55]这自然足以惊动一世。他并没有传了什么新的道，却指示了道统[56]，给宋儒开了先路。他的重要的贡献，还在他所提倡的"古文"上。

53　原注：《师说》。

54　杨，指杨朱，主张"贵己""重生"等。墨，指墨翟，提出"兼爱""非攻"等。孟子认为，"杨氏为我，是无君也；墨氏兼爱，是无父也"，而无君、无父就是破坏"忠孝"和"仁义"，不合人道。

55　原注：《谏佛骨表》触怒宪宗，被贬为潮州刺史。

56　道统，指儒家学术思想承续、传授的统系。

他说他作文取法《尚书》、《春秋》、《左传》、《周易》、《诗经》以及《庄子》、《楚辞》、《史记》、扬雄、司马相如等。《文选》所不收的经、子、史，他都排进"文"里去。这是一个大改革、大解放。他这样建立起文统来。但他并不死板的复古，而以变古为复古。他说"惟古于辞必己出，降而不能乃剽贼"[57]，又说"惟陈言之务去，戛戛乎其难哉"[58]；他是在创造新语。他力求以散行的句子换去排偶的句子，句逗[59]总弄得参参差差的。但他有他的标准，那就是"气"。他说"气盛则言之短长与声之高下者皆宜"[60]；"气"就是自然的语气，也就是自然的音节。他还不能跳出那定体"雅言"的圈子而采用当时的白话；但有意的将白话的自然音节引到文里去，他是第一个人。在这一点上，所谓"古文"也是不"古"的；不过他提出"语气流畅"（气盛）这个标准，却给后进指点了一条明路。他的弟子本就不少，

57　原注：《樊绍述墓志铭》。按：韩愈所作散文，全名为《南阳樊绍述墓志铭》。墓志铭为由志与铭两部分组成的悼念性文体。引句意为：古人所用的文词都是自己创造出来的，后来的人做不到这一点，便进行剽窃抄袭。

58　原注：《答李翊书》。按：引句意为：想要把那些陈旧的言词去掉，这是很艰难的呀！

59　句逗，同"句读"。古时称文词停顿的地方为"句"或"读"。连称"句读"时，句是语意完整的一小段，读是句中的语意未完、语气可停的更小的一段。

60　原注：《答李翊书》。按：引句意为：气势充足，那么文字的多少及声音的扬抑就都会适当。

再加上私淑⁶¹的，都往这条路上走，文体于是乎大变。这实在是新体的"古文"，宋代又称为"散文"——算成立在他的手里。

以上两段讲韩愈。韩愈以文辞为教，以道统自期，把经、子、史放进文里，倡导古文，建立文统，以变古为复古。韩愈作文求新重气，新体的古文成立在他手里。

柳宗元与韩愈，宋代并称，他们是好朋友。柳作文取法《书》《诗》《礼》《春秋》《易》，以及《榖梁》《孟》《荀》《庄》《老》《国语》《离骚》《史记》，也将经、子、史排在"文"里，和韩的文统大同小异。但他不敢为师，"摧陷廓清"⁶²的劳绩，比韩差得多。他的学问见解，却在韩之上，并不墨守儒言。他的文深幽精洁，最工游记；他创造了描写景物的新语。韩愈的门下有难、易两派。爱易派主张新而不失自然，李翱（áo）是代表；爱难派主张新就不妨奇怪，皇甫湜（shí）是代表。当时爱难派的流传盛些。他们矫枉过正，语艰意奥，扭曲了自然的语气、自然的音节，僻涩诡异，不易读诵。所以唐末宋初，骈体文又回光反照了一下。雕琢的骈体文和僻涩的古文先后盘踞着宋初

61　私淑，指未能亲自受业，但敬仰并承传其学术而尊之为师。

62　摧陷廓清，指攻破敌阵，肃清残敌，比喻写文章打破陈规。出自唐李汉《昌黎先生集序》："先生于文，摧陷廓清之功，比于武事，可谓雄伟不常者矣。"

的文坛。直到欧阳修出来，才又回到韩愈与李翱，走上平正通达的古文的路。

以上一段重点讲柳宗元。和韩愈的文统近似，柳宗元也取法经、子、史，他的文章深幽精洁，游记最工。学韩愈的有爱易派和爱难派，爱难派语艰意奥，不易读诵，流传更盛。

韩愈抗颜为人师[63]而提倡古文，形势比较难；欧阳修居高位而提倡古文，形势比较容易。明代所称唐宋八大家[64]，韩、柳之外，六家都是宋人。欧阳修为首，以下是曾巩、王安石、苏洵和他的儿子苏轼、苏辙。曾巩、苏轼是欧阳修的门生，别的三个也都是他提拔的。他真是当时文坛的盟主。韩愈虽然开了宗派，却不曾有意的立宗派；欧、苏是有意的立宗派。他们虽也提倡道，但只促进了并且扩大了古文的发展。欧文主自然。他所作纡徐曲折，而能条达疏畅[65]，无艰难劳苦之态；最以言情见长，评者说是从《史记》脱化而出。曾学问有根柢，他的文确实而谨严；王是政治家，所

<hr>

63　抗颜为人师，指脸色严正地做别人的老师。出自柳宗元《答韦中立论师道书》："独韩愈奋不顾流俗，犯笑侮，收召后学，作《师说》，因抗颜而为师。"

64　原注：茅坤有《唐宋八大家文钞》，从此"唐宋八大家"成为定论。

65　语出苏洵《上欧阳内翰第一书》："执事之文，纡馀委备，往复百折，而条达疏畅，无所间断。"苏洵赞誉欧阳修的文章曲折尽致又流畅通达。

作以精悍胜人。三苏长于议论，得力于《战国策》《孟子》；而苏轼才气纵横，并得力于《庄子》。他说他的文"随物赋形"[66]，"常行于所当行，常止于不可不止"[67]；又说他意到笔随，无不尽之处[68]。这真是自然的极致了。他的文，学的人最多。南宋有"苏文熟，秀才足"的俗谚[69]，可见影响之大。

以上一段写宋代古文。欧阳修是文坛盟主，立了宗派，其文委婉曲折而能自然疏畅。曾巩文章确实谨严，王安石文章以精悍胜人。三苏长于议论，苏轼为文随物赋形，才气纵横，影响最大。

欧、苏以后，古文成了正宗。辞赋虽还算在古文里头，可是从辞赋出来的骈体却只拿来作应用文了。骈体声调铿锵，便于宣读，又可铺张词藻不着边际，便于酬酢，作应用文是很相宜的。所以流传到现在，还没有完全死去。但中间却经过了散文化。自从唐代中叶的陆贽开始。他的奏议切实恳挚，绝不浮夸，而且明白晓畅，用笔如舌。唐末骈体的应用文专称"四六"，却更趋雕琢；宋初还是如此。转移风气的也是欧阳修。他多用虚字和长句，使骈体稍稍近于语气之自然。嗣后群起仿效，散文化的骈文竟成了定

---

66 "随物赋形"，语出苏轼《画水记》："画奔湍巨浪，与山石曲折，随物赋形，画水之变，号称神逸。"

67 原注：《文说》。

68 原注：何薳《春渚纪闻》中东坡事实。

69 原注：陆游《老学庵笔记》。

体了。这也是古文运动的大收获。

以上一段写唐宋骈文。作为应用文，骈文便于宣读，便于酬酢。陆贽骈文明白晓畅，用笔如舌。唐末的"四六"，更趋雕琢。欧阳修的骈文语气自然，其后散文化的骈文成为定体。

唐代又有两种新文体发展。一是语录，一是"传奇"，都是佛家的影响。语录起于禅宗。禅宗是革命的宗派，他们只说法而不著书。他们大胆的将师父们的话参用当时的口语记下来。后来称这种体制为语录。他们不但用这种体制纪录演讲，还用来通信和讨论。这是新的记言的体制，里面夹杂着"雅言"和译语。宋儒讲学，也采用这种记言的体制，不过不大夹杂译语。宋儒的影响究竟比禅宗大得多，语录体从此便成立了，盛行了。传奇是有结构的小说。从前只有杂录或琐记的小说，有结构的从传奇起头。传奇记述艳情，也记述神怪，但将神怪人情化。这里面描写的人生，并非全是设想，大抵还是以亲切的观察作底子。这开了后来佳人才子和鬼狐仙侠等小说的先路。它的来源一方面是俳谐的辞赋，一方面是翻译的佛典故事；佛典里长短的寓言所给予的暗示最多。当时文士作传奇，原来只是向科举的主考官介绍自己的一种门路。当时应举的人在考试之前，得请达官[70]将自己姓名介绍给主考官；自己再将文

70　达官，指职位高的官吏。

章呈给主考官看。先呈正经文章，过些时再呈杂文如传奇等，传奇可以见史才、诗笔、议论，人又爱看，是科举的很好媒介。这样，作者便日见其多了。

以上一段写唐代的语录和传奇。语录多用口语，影响了宋儒讲学，语录体由此确立。传奇结构完整，可见作者的史才、诗笔、议论等方面的能力。

到了宋代，又有"话本"。这是白话小说的老祖宗。话本是"说话"的底本；"说话"略同后来的"说书"，也是佛家的影响。唐代佛家向民众宣讲佛典故事，连说带唱，本子夹杂"雅言"和口语，叫作"变文"；"变文"后来也有说唱历史故事及社会故事的。"变文"便是"说话"的源头；"说话"里也还有演说佛典这一派。"说话"是平民的艺术；宋仁宗很爱听，以后便变为专业，大流行起来了。这里面有说历史故事的，有说神怪故事的，有说社会故事的。"说话"渐渐发展，本来由一个或几个同类而不相关联的短故事，引出一个同类而不相关联的长故事的，后来却能将许多关联的故事组织起来，分为"章回"了。这是体制上一个大进步。

以上一段写宋代的话本。话本是"说话"的底本，有说历史、神怪、社会等不同故事，后来创作者将关联的故事组织成章回体。

话本留存到现在的已经很少，但还足以见出后世的几部小说名著，如元罗贯中的《三国志演义》，明施耐庵的

《水浒传》，吴承恩的《西游记》，都是从话本演化出来的；不过这些已是文人的作品，而不是话本了。就中《三国志演义》还夹杂着"雅言"，《水浒传》和《西游记》便都是白话了。这里除《西游记》以设想为主外，别的都可以说是写实的。这种写实的作风在清代曹雪芹的《红楼梦》里得着充分的发展。《三国志演义》等书里的故事虽然是关联的，却不是联贯的。到了《红楼梦》，组织才更严密了；全书只是一个家庭的故事。虽然包罗万有，而能"一以贯之"。这不但是章回小说，而且是近代所谓"长篇小说"了。白话小说到此大成。

以上一段写元明清小说。元代的《三国志演义》夹杂着雅言，明代的《水浒传》《西游记》是白话。清代的《红楼梦》组织严密，包罗万有，又能一以贯之，是白话小说的大成之作。

明代用八股文取士，一般文人都镂心刻骨的去简炼揣摩，所以极一代之盛。"股"是排偶的意思；这种体制，中间有八排文字互为对偶，所以有此称。——自然也有变化，不过"八股"可以说是一般的标准。——又称为"四书文"，因为考试里最重要的文字，题目都出在四书里。又称为"制艺"，因为这是朝廷法定的体制。又称为"时文"，是对古文而言。八股文也是推演经典辞意的；它的来源，往远处说，可以说是南北朝义疏之学，往近处说，便是宋、元两代的经义。但它的格律，却是从"四六"演化的。宋代定经义为考试科目，是王安石的创制；当时限用他的群经"新义"，用别说的不录。元代考试，限于四书，规定用朱子的章句和集注。明代制度，主要的部分也是如此。

经义的格式，宋末似乎已有规定的标准，元、明两代大体上递相承袭。但明代有两种大变化：一是排偶，一是代古人语气。因为排偶，所以讲究声调。因为代古人语气，便要描写口吻；圣贤要像圣贤口吻，小人要像小人的。这是八股文的仅有的本领，大概是小说和戏曲的不自觉的影响。八股文格律定得那样严，所以得简炼揣摩，一心用在技巧上。除了口吻、技巧和声调之外，八股文里是空洞无物的。而因为那样难，一般作者大都只能套套滥调，那真是"每下愈况"[71]了。这原是君主牢笼[72]士人的玩艺儿，但它的影响极大；明、清两代的古文大家几乎没有一个不是八股文出身的。

以上两段写明代八股文。内容上，八股文推演经典辞意，形式上，八股文从"四六"演变而来，到明代更注重排偶，注重模拟古人语气。

清代中叶，古文有桐城派，便是八股文的影响。诗文

71　每下愈况，原指越往下推求越能了解真相，现在常用来表示情况越来越坏。

72　牢笼，指笼络，控制。

作家自己标榜宗派，在前只有江西诗派，在后只有桐城文派。桐城派的势力，绵延了二百多年，直到民国初期还残留着；这是江西派比不上的。桐城派的开山祖师是方苞，而姚鼐集其大成。他们都是安徽桐城人，当时有"天下文章在桐城"[73]的话，所以称为桐城派。方苞是八股文大家。他提倡归有光的文章，归也是明代八股文兼古文大家。方是第一个提倡"义法"[74]的人。他论古文以为六经和《论语》《孟子》是根源，得其枝流而义法最精的是《左传》《史记》，其次是《公羊传》《穀梁传》《国语》《国策》，两汉的书和疏，唐宋八家文[75]——再下怕就要数到归有光了。这是他的，也是桐城派的文统论。"义"是用意，是层次；"法"是求雅、求洁的条目。雅是纯正不杂，如不可用语录中语、骈文中丽语、汉赋中板重字法、诗歌中俊语，《南史》《北史》中佻巧语以及佛家语。[76]后来姚鼐又加上注疏语和尺牍语。洁是简省字句。这些"法"其实都是从八股文的格律

73　原注：周书昌语，见姚鼐《刘海峰先生八十寿序》。

74　义法，桐城派古文家称文学作品创作应遵循的准则。简单来说，"义"是指文学作品的内容，"法"是指文学作品谋篇布局的形式和方法。

75　原注：《古文约选·序例》。

76　汉赋中板重字法，指汉赋中繁重滞涩的文法。俊语，指高明巧妙的言辞。《南史》《北史》，均属官修正史，位列"二十四史"，记述南北朝历史。佻巧语，指细巧而不严肃的文辞。

引伸出来的。方苞论文，也讲"阐道"[77]；他是信程、朱之学的，不过所入不深罢了。

方苞受八股文的束缚太甚，他学得的只是《史记》、欧、曾、归的一部分，只是严整而不雄浑，又缺乏情韵。姚鼐所取法的还是这几家，虽然也不雄浑，却能"迂回荡漾，余味曲包"[78]，这是他的新境界。《史记》本多含情不尽之处，所谓远神[79]的。欧文颇得此味，归更向这方面发展——最善述哀[80]，姚简直用全力揣摩。他的老师刘大櫆指出作文当讲究音节，音节是神气的迹象，可以从字句下手。[81]姚鼐得了这点启示，便从音节上用力，去求得那绵邈的情韵。他的文真是所谓"阴与柔之美"[82]。他最主张诵读，又最讲究虚助字，都是为此。但这分明是八股文讲究声调的转变。刘是雍正副榜[83]，姚是乾隆进士，都是用功八股文的。当时汉学家提倡考据，不免繁琐的毛病。姚鼐因此主

77　原注：见雷铉《卜书》。

78　原注：吕璜纂《吴德旋初月楼古文绪论》。

79　远神，深远的神韵。

80　述哀，诉说痛苦哀伤。

81　原注：刘大櫆《论文偶记》。

82　原注：姚鼐《复鲁絜非书》。

83　副榜，科举考试中除正榜外，另取若干名列为副榜，也叫"备榜"。

张义理、考据、词章三端相济，偏废的就是"陋"儒。[84]但他的义理不深，考据多误，所有的还只是词章本领。他选了《古文辞类纂》；序里虽提到"道"，书却只成为古文的典范。书中也不选经、子、史；经也因为太尊，子、史却因为太多。书中也选辞赋。这部选本是桐城派的经典，学文的必由于此，也只须由于此。方苞评归有光的文庶几"有序"，但"有物之言"太少。[85]曾国藩评姚鼐也说一样的话，其实桐城派都是如此。攻击桐城派的人说他们空疏浮浅，说他们范围太窄，全不错；但他们组织的技巧，言情的技巧，也是不可抹煞的。

以上两段写清代中叶的桐城派。方苞是桐城派的开山祖师，姚鼐是集大成者。方苞提倡"义法"，义是用意和层次，法是求雅求洁的条目。姚鼐主张义理、考据、词章三端相济，所选《古文辞类纂》成为古文典范。桐城派的文章被攻击者说空疏浮浅、范围太窄，但组织和言情的技巧值得肯定。

姚鼐以后，桐城派因为路太窄，渐有中衰之势。这时候仪征阮元提倡骈文正统论。他以《文选序》和南北朝"文""笔"的分别为根据，又扯上传为孔子作的《易·文言传》。他说用韵用偶的才是文，散行的只是笔，或是"直

84　原注：《述庵文钞序》，又《复秦小岘书》。按："陋"儒，指学识浅陋的儒生。

85　原注：《书震川文集后》。按：归有光，号震川。

言"的"言","论难"的"语"。[86]古文以立意、记事为宗，是子、史正流，终究与文章有别。《文言传》多韵语、偶语，所以孔子才题为"文"言。阮元所谓韵，兼指句末的韵与句中的"和"而言。[87]原来南北朝所谓"文""笔"，本有两义："有韵为文，无韵为笔"[88]，是当时的常言——韵只是句末韵。阮元根据此语，却将"和"也算是韵，这是曲解一。梁元帝说有对偶、谐声调的抒情作品是文，骈体的章奏与散体的著述都是笔。[89]阮元却只以散体为笔，这是曲解二。至于《文言传》，固然称"文"，却也称"言"，况且也非孔子所作——这更是傅会了。他的主张，虽然也有一些响应的人，但是不成宗派。

以上一段写清代阮元的文笔论。阮元为文、笔加上新的界定，提倡骈文正统论。朱自清先生指出阮元的两点曲解，加以驳斥。

曾国藩出来，中兴了桐城派。那时候一般士人，只知作八股文；另一面汉学、宋学的门户之争，却越来越利害，各走偏锋。曾国藩为补偏救弊起见，便就姚鼐义理、考据、

86　原注：根据《说文·言部》。按：《说文解字·言部》："直言曰言，论难曰语。"直言，直接说出自己想说的话。论难，辩论责难。

87　原注：阮元《文言说》及《与友人论古文书》。按：和，指句中各字不同声调的交替配合。

88　原注：《文心雕龙·总术》。

89　原注：《金楼子·立言》篇。

词章三端相济之说加以发扬光大。他反对当时一般考证文的芜杂琐碎，也反对当时崇道贬文的议论，以为要明先王之道，非精研文字不可；各家著述的见道多寡，也当以他们的文为衡量的标准。桐城文的病在弱在窄，他却能以深博的学问、弘通的见识、雄直的气势，使它起死回生。他才真回到韩愈，而且胜过韩愈。他选了《经史百家杂钞》，将经、史、子也收入选本里，让学者知道古文的源流，文统的一贯，眼光便比姚鼐远大得多。他的幕僚和弟子极众，真是登高一呼，群山四应。这样延长了桐城派的寿命几十年。

以上一段写清末曾国藩中兴桐城派。曾国藩以深厚博大的学问、宏大通达的见识、雄壮劲直的气势，补偏救弊，使桐城派起死回生。曾国藩所选《经史百家杂钞》将经、史、子也收入其中，让学者知道古文的源流，文统的一贯。

但"古文不宜说理"[90]，从韩愈就如此。曾国藩的力量究竟也没有能够补救这个缺陷于一千年之后。而海通以来，世变日亟，事理的繁复，有些决非古文所能表现。[91]因此聪明才智之士渐渐打破古文的格律，放手作去。到了清末，

90　原注：曾国藩《复吴南屏书》："仆尝谓古文之道，无施不可，但不宜说理耳。"

91　海通，指鸦片战争以后清政府被迫开放通商口岸。世变日亟，指世事的变化一天比一天快速。

梁启超先生的"新文体"可算登峰造极。他的文"时杂以俚语、韵语及外国语法，纵笔所至不检束，学者竞效之"。而"条理明晰，笔锋常带情感，对于读者，别有一种魔力"。[92]但这种"魔力"也不能持久；中国的变化实在太快，这种"新文体"又不够用了。胡适之先生和他的朋友们这才起来提倡白话文，经过五四运动，白话文是畅行了。这似乎又回到古代言文合一的路。然而不然。这时代是第二回翻译的大时代。白话文不但不全跟着国语的口语走，也不全跟着传统的白话走，却有意的跟着翻译的白话走。这是白话文的现代化，也就是国语的现代化。中国一切都在现代化的过程中，语言的现代化也是自然的趋势，并不足怪的。

　　最后一段写近代以来的新文体和白话文。社会巨变，古文不易表现，聪明才智之士打破古文格律，放手作文。梁启超提倡"新文体"，杂以俚语、韵语、外国语法，笔调自由，条理清晰，情感充沛。后来胡适倡导白话文，似乎回到言文一致的路，不过白话文不全遵从国语的口语，也不全遵从传统的白话，却有意跟着翻译的白话走，这是白话文的现代化。最后将白话文的现代化归属于中国的现代化，指出语言的现代化也是自然趋势。

92　原注：梁启超《清代学术概论》。

拓展阅读

经史百家杂钞·序例（节选）

村塾古文有选《左传》者，识者或讥之。近世一二知文之士，纂录古文不复上及六经，以云尊经也。然溯古文所以立名之始，乃由屏弃六朝骈俪之文，而返之于三代两汉。今舍经而降以相求，是犹言孝者敬其父祖而忘其高曾，言忠者曰"我家臣耳，焉敢知国"，将可乎哉？

余抄纂此编，每类必以六经冠其端，涓涓之水，以海为归，无所于让也。姚姬传氏撰次古文，不载史传，其说以为史多不可胜录也。然吾观其奏议类中录《汉书》至三十八首，诏令类中录《汉书》三十四首，果能屏诸史而不录乎？余今所论次，采辑史传稍多，命之曰《经史百家杂钞》云。

译文

乡村私塾教学古文有选《左传》的，有些有见识的人加以讥刺。近世几个通晓文章的士人，编纂古文不再向上追溯到六经，来表示对六经的尊崇。然而追溯古文所以立名的起源，是屏弃六朝骈俪文章，而返回到三代两汉。现在舍弃经书而降代来求取，这样就像是说孝的人敬其父亲、祖父，却忘了高祖、曾祖，说忠的人说"我是家臣而已，哪里敢考虑国"，这样怎么可以呢？

我抄纂此编，每类必把六经放在开头，这就像涓涓流水，终将归海，没有别的去处。姚鼐编撰古文，不收录史传，他说史传太多，录也录不完。然而我看他奏议类中又选录了《汉书》所载达三十八首，诏令类中选录了《汉书》三十四首，难道他果真能屏弃各史书而不选录吗？我这里所选录编次的，采辑于史传比较多，把书命名为《经史百家杂钞》。

文学改良刍议（节选）

吾以为今日而言文学改良，须从八事入手。八事者何？一曰，须言之有物。二曰，不摹仿古人。三曰，须讲求文法。四曰，不作无病之呻吟。五曰，务去烂调套语。六曰，不用典。七曰，不讲对仗。八曰，不避俗字俗语。

译文

　　我认为今天来说文学改良，须从八件事入手。哪八件事？一、要言之有物。二、不摹仿古人。三、要讲求文法。四、不作无病的呻吟。五、务必去除陈词滥调。六、不用典。七、不讲求对仗。八、不回避俗字俗语。

读《经典常谈》

叶圣陶

学校国文教室的黑板上常常写着如下一类的粉笔字："三礼：《周礼》《仪礼》《礼记》。""三传：《公羊传》《穀梁传》《左传》。"学生看了，就抄在笔记簿上。

学期考试与入学考试，国文科方面常常出着如下一类的测验题目："《史记》何人所作？《资治通鉴》何人所作？""什么叫'四书'？什么叫'四史'？""司马相如何代人？杜甫何代人？他们有哪一方面的著作？"与考的学生只消写上人名、书名、朝代名就是。——写错了或是写不出当然没有分数。

曾经参观一个中学，高中三年级上"中国文学史"功课，用的是某大学的讲义《中国文学史要略》，方讲到隋唐，讲义中提及孔颖达的《五经正义》、杜佑的《通典》、王通的《中说》等，没有记明卷数，教师就一一写在黑版上，让学生——抄在本子高头。在教室里立了大约半点钟，没听见教师开一声口，只看了他写的颇为老练的一些数目字。

书籍名，作者名，作者时代，书籍卷数，不能不说是一种知识。可是，学生得到了这种知识有什么受用，咱们不妨想一想。在参与考试的时候，如果遇到这一类的测验题目，就可以毫不迟疑的答上去，取得极限的分数，这是一种受用。还有呢？似乎没有了。在跟人家会谈的当儿，如果人家问你"什么叫'四史'？"你回答得出"就是《史记》《汉书》《后汉书》《三国志》"，你的脸上自然也会有一副踌躇满志的神色。可惜实际上会谈时候把这种问题作闲谈资料的并不多。

另外一派人不赞成这种办法，说这种办法毫无道理，不能叫学生得到真实的受用。这个话是千真万确的。他们主张，学生必须跟书籍直接打交道，好比朋友似的，你必须跟他混在一块，才可以心心相通，彼此影响；仅仅记住他的尊姓大名，就与没有这个朋友一样。这个话当然也没有错儿。可是他们所说的书籍范围很广，差不多从前读书人常读的一些书籍，他们主张现在的学生都应该读。而且，他们开起参考书目来就是一大堆，就说《史记》罢，关于考证史事的有若干种，关于评议体例的有若干种，关于鉴赏文笔的又有若干种。他们要学生自己去摸索，把从前人走过的路子照样走一通，结果才认识《史记》的全貌。这儿就有问题了。范围宽广，从前读书人常读的一些书籍都拿来读，跟现代的教育宗旨合不合，是问题。每一种书籍都要由学生自己去摸索，时间跟能力够不够，又是问题。这些个问题不加注意，徒然苦口婆心的对学生说："你们要读书啊！"其心固然可敬，可是学生还是得不到真实的受用。

现代学生的功课，有些是从前读书人所不做的，如博物、理化、图画、音乐之类。其他的功课，就实质说，虽然就是从前读书人学的那一些，可是书籍不必再用从前人的本子了。一部公民教本可以包括圣经贤传的精义，吾族的固有伦理；一部历史教本可以摄取历代史籍的大概，经籍子籍的要旨。这自然指编撰得好的而言；现在有没有这样好的教本，那是另一问题。试问为什么要这么办？为的是从前书籍"浩如烟海"，现代学生要做的功课多，没有时间一一去读他。为的是现代切用的一些实质，分散在、潜藏在各种书籍里，让学生淘金似的去淘，也许淘不着，也许只淘着了一点儿。尤其为的是从前的书籍，在现代人看来，有许多语言文字方面的障碍；先秦古籍更有脱简错简，传抄致误，清代学者校勘的贡献虽然极大，但是否完全恢复了各书的原样儿，谁也不敢说定；现代学生不能也不应个个劳费精力在训诂校勘上边，是显而易见的。所以，为实质的吸收着想，可以干脆说一句，现代学生不必读从前的书。只要教本跟其他学生用书编撰得好，教师跟帮助学生的一些人们又指导得法，学生就可以一辈子不读《论语》《孟子》却能身体力行孔孟的道理；一辈子不读《史记》《汉书》，却能洞明博晓古代的历史。

可是，有些书籍的实质和形式是分不开的；你要了解他，享受他，必须面对他本身，涵泳得深，体味得切，才有得益。譬如《诗经》，就不能专取其实质，翻为现代语言，让学生读"白话诗经"。翻译并不是不能做，并且已经有人做过，但到底是另外一回事儿；真正读《诗经》还得直接读"关关雎鸠"。又如《史记》，作为历史书，尽可用"历史教本""中国通史"之类来代替；但他同时又是文学作品，作为文学作品，就不能用"历史教本""中国通史"之类来代替，从这类书里知道了楚汉相争的史迹，并不等于读了《项羽本纪》。我想，要说现代学生应该读些古书，理由应该在这一点上。

还有一点。如朱自清先生在这本《经典常谈》的序文里说的："在中等以上的教育里，经典训练应该是一个必要的项目。经典训练的价值不在实用，而在文化。有一位外国教授说过，阅读经典的用处，就在教人见识经典一番。这是很明达的议论。再说做一个有相当教育的国民，至少对于本国的经典，也有接触的义务。"一些古书，培育着咱们的祖先，咱们跟祖先是一脉相承的，自当尝尝他们的营养料，才不至于无本。若讲实用，似乎是没有，有实用的东西都收纳在各种学科里了；可见有无用之用。这可以打个比方。有些人不怕旅行辛苦，道路几千，跑上峨嵋金顶看日出，或者跑到甘肃敦煌，看石窟寺历代的造像跟壁画。在专讲实用的人看来，他们干的完全没有实用，只有那股傻劲儿倒可以佩服。可是他们从金顶下来，打敦煌回转，胸襟扩大了，眼光深远了。虽然还是各做他们的事儿，却有了一种新的精神。这就是所谓无用之用。读古书读的得其道，也会有类似的无用之用。要说现代学生应该读些古书，这是又一个理由。

这儿要注意，"现代学生应该读些古书"，万不宜忽略"学生"两字跟一个"些"字。说"学生"，就是说不是专家，其读法不该跟专家的一样（大学里专门研究古书的学生当然不在此限）。说"些"，就是说分量不能多，就是从前读书人常读的一些书籍也不必全读。就阅读的本子说，最好辑录训诂校勘方面简明而可靠的定论，让学生展卷憬然，不必在一大堆参考书里自己去摸索。就阅读的范围说，最好根据前边说的两个理由来选定，只要精，不妨小，只要达到让学生见识一番的这么个意思就成。这本《经典常谈》的序文里说："我们理想中一般人的经典读本——有些该是全书，有些只该是选本、节本——应该尽可能的采取他们的结论；一面将本文分段，仔细的标点，并用白话文作简要的注释。每种读本还得有一篇切实而浅明的白话文导言。"现代学生要读些古书，急切需用这样的读本。口口声声嚷着学生应该读古书的先生们，似乎最适宜负起责任来，编撰这样的读本。可是他们不干，只是"读书啊！读书啊！"的直嚷；学生实在没法儿接触古书，他们便把罪名加在学生头上，"你们自己不要好，不爱读书，教我有什么办法？"我真不懂得他们的所以然。

朱先生的《经典常谈》却是负起这方面的责任来的一本书。他是一些古书的"切实而浅明的白话文导言"。谁要知道某书是什么，他就告诉你这个什么。看了这本书当然不就是读了古书，可是古书的来历，其中的大要，历来对于该书有什么问题，直到现在为止，对于该书已经研究到什么程度，都可以有个简明的概念。学生如果自己在一大堆参考书里去摸索，费力甚多，所得未必会这么简明。因这本书的导引，去接触古书，就像预先看熟了地图跟地理志，虽然到的是个新地方，却能头头是道。专家们未必看得起这本书，因为"这中间并无编撰者自己的创见，编撰者的工作只是编撰罢了"（序文中语），但这本书本来不是写给专家们看的，在需要读些古书的学生，这本书正适合他们的理解能力跟所需分量。尤其是"各篇的讨论，尽量采择近人新说"（序文中语），近人新说当然不单为他

"新"，而为他是最近研究的结果，比较可作定论；这使学生在入门的当儿，便祛除了狭陋跟迂腐的弊病，是大可称美的一点。

这本书所说"经典"，不专指经籍；是用的"经典"二字的广义，包括群经，先秦诸子，几种史书，一些集部，共十三篇。把目录抄在这儿：《说文解字》第一；《周易》第二；《尚书》第三；《诗经》第四；三《礼》第五；《春秋》三传第六（《国语》附）；四书第七；《战国策》第八；《史记》《汉书》第九；诸子第十；辞赋第十一；诗第十二；文第十三。前头十一篇都就书讲；末了"诗""文"两篇却只叙述源流，不就书讲，"因为书太多了，没法子——详论，而集部书的问题，也不像经、史、子的那样重要，在这儿也无需详论"（序文中语）。

《中学生》第66期，1943年8月版（初版）